SUCCESSIONS

Raphaëlle Bacqué
Vanessa Schneider

SUCCESSIONS

L'argent, le sang et les larmes

Albin Michel

Sommaire

Introduction

Assurer la succession de son empire n'est pas tant une affaire d'argent que de sentiments, d'émotions. C'est ce qui frappe d'emblée, quand on plonge dans l'intimité et les secrets de familles de grands entrepreneurs français. Transmettre le capital d'une société, des avoirs, un patrimoine, obéit aux règles du droit, et si un héritier s'estime spolié, la justice est là pour y remettre bon ordre. Mais le plus souvent, ce n'est pas de cela qu'il s'agit.

Les héritages charrient et bousculent les histoires intimes dans ce qu'elles ont de plus complexe et de plus douloureux. Avec leurs enjeux de pouvoir, d'amour, de préférence, de jalousie. Et parfois de haine. Choisir parmi les siens celui qui vous remplacera à la tête de l'entreprise, ce joyau que vous avez créé et que vous connaissez mieux que vos propres enfants tant il a dévoré vos nuits et votre énergie, c'est admettre que l'on est remplaçable. Donc mortel.

Les récits que vous allez lire sont universels. Ils

racontent des patriarches – car il s'agit souvent d'hommes, question d'époque sans doute – qui observent leurs enfants avec un œil particulier : celui du patron évaluant le futur manager. Des fratries qui se déchirent comme chez les Bouygues ou les Gallimard. Des fils préférés et d'autres, inhibés, qui ne se sentent pas à la hauteur. Des filles que l'on a écartées d'emblée. Car décider que l'un est plus apte que les autres parmi sa progéniture, comme l'a fait François Pinault en désignant son fils François-Henri, peut laisser des traces telles des gouttes de poison au fond d'un verre.

Qu'y a-t-il de commun entre Bernard Arnault, préparant ses enfants à diriger dès le plus jeune âge en organisant de facto une compétition farouche entre eux, et un Jérôme Seydoux qui n'estime personne à son niveau ? Arnaud Lagardère, ce fils écrasé par son père qu'il appelait « Jean-Luc », est-il seulement un mauvais patron ? En découvrant son enfance, on comprend les ressorts profonds qui l'ont conduit à détruire consciencieusement son héritage, comme une forme de vengeance inconsciente contre celui qui l'avait privé de sa mère. Que s'est-il passé entre Liliane Bettencourt et sa fille Françoise, quelles blessures et quels chagrins les a conduites à se traîner mutuellement en justice ? Partout où l'on regarde, au cœur du salon littéraire des Gallimard ou dans les usines Peugeot à Sochaux, ces affaires de successions trop souvent jonchées de blessures ou de drames trouvent leurs origines dans des conflits enfouis et des névroses familiales mal réglées.

En France, on compte quelque six mille entreprises familiales, et le principal danger qui les menace n'est ni l'État ni les chaos de l'économie, mais bien souvent les mésententes entre héritiers. Une entreprise familiale sur deux ne survit pas à son créateur. On comprend dès lors que, pour fortifier la stabilité de leurs sociétés, les dynasties s'attachent à préserver avant tout les liens du clan. Celles que nous avons observées vivent pour la majeure partie dans un entre-soi qui les entretient dans l'idée qu'elles font partie d'un monde à part. Leurs membres habitent dans les mêmes quartiers de Paris, le VIIIe, le XVIe arrondissement, ou à Neuilly. Ils se retrouvent dans les enclaves d'ultra-riches, la villa Montmorency où ont vécu les Bolloré, Arnaud Lagardère ou le milliardaire Xavier Niel, gendre de Bernard Arnault. À force de s'observer par les fenêtres et de recueillir les récits de leur personnel, ils connaissent les habitudes des uns et des autres, leurs manies, leurs secrets aussi. Leurs maisons de vacances se situent dans les lieux clos et privilégiés : aux Parcs à Saint-Tropez où règnent Bernard Arnault et Vincent Bolloré, dans les Yvelines où les Pinault et les Lagardère partent le week-end, dans des demeures cossues de La Baule comme les Decaux ou en Normandie comme les Gallimard ou les Seydoux. Ils fréquentent les mêmes lieux et leurs enfants sont souvent scolarisés dans les mêmes établissements.

On inscrit les rejetons à Saint-Louis-de-Gonzague, cet établissement catholique que les initiés appellent Franklin, ou à Saint-Jean-de-Passy dans le même arrondissement. Jeunes, ils iront ensuite dans les mêmes fêtes, seront invités dans les mêmes rallyes et danseront dans les mêmes boîtes de nuit de l'Ouest parisien. Les patrons ayant le souci de transmettre craignent plus que tout les mésalliances. Ce n'est ainsi pas tout à fait un hasard si Yannick Bolloré a épousé une fille Bouygues. La femme de Pierre Peugeot est une Seydoux, cousine germaine de Jérôme, Nicolas et Michel. Et si l'on ne s'épouse pas, on se fréquente et on travaille ensemble. La décoratrice des magasins Hermès, Rena Dumas, épouse du PDG de l'époque, Jean-Louis Dumas, a refait l'intérieur de l'avion de François Pinault.

Au sein des conseils d'administration de certaines familles, il peut arriver que l'on trouve d'autres héritiers : Sophie Bellon et Alexandre Ricard sont ainsi entrés dans celui de L'Oréal. *« Je pensais qu'ils auraient des points communs »*, explique Jean-Paul Agon à l'initiative de cette cooptation. Il avait aussi fait entrer Axel Dumas, le PDG d'Hermès avant que celui-ci ne lance à son tour une marque de cosmétique, ce qui a rendu sa présence incompatible.

Dans cette élite des grandes fortunes, il y a bien sûr des exceptions comme les Mulliez, détenteurs d'Auchan, Decathlon, Kiabi, Norauto, Flunch, etc., qui prospèrent en toute discrétion sans fréquenter aucun lieu de pouvoir ou de mondanités. Nul ne connaît leurs noms et leurs visages, ils habitent toujours le nord de la France, ne se rendent jamais à aucune festivité où les puissants se jaugent. Mais la plupart évoluent dans un minuscule univers et ont été marqués par des histoires semblables. L'enlèvement du petit Éric Peugeot, en avril 1960, a réveillé un sentiment de vulnérabilité chez beaucoup qui, comme les Arnault ou les Bettencourt, ont tenté de protéger leurs enfants en les élevant sous l'œil vigilant de gardes du corps. Dans un autre registre, la mort brutale de Jean-Luc Lagardère qui avait mal préparé sa succession a traumatisé ses contemporains, qui comme François Pinault se sont fait fort de réfléchir très tôt à la leur.

« La première génération crée, la seconde gère, la troisième tue. » Cette prophétie que se répètent les familles du monde des affaires est dans tous les esprits : comment éviter la malédiction de la disparition ? Pour les nouvelles fortunes, comme les Arnault, Bolloré, Decaux, Bouygues ou Pinault, l'enjeu est déjà de réussir la première étape. Pour les vieilles familles, celles dont les marques ont traversé le siècle, comme les Peugeot, les Hermès, les Bettencourt ou les Mulliez, le défit est différent : comment donner aux héritiers l'envie de continuer une aventure lancée plusieurs générations avant eux ?

Dans un cas comme dans l'autre, l'éducation est au cœur de tout. Chacun a sa méthode pour élever sa descendance. Elle est souvent la reproduction de sa propre expérience familiale. Ainsi le polytechnicien Bernard Arnault ne jure que par les grandes écoles tandis que les autodidactes Jean-Claude Decaux ou Vincent Bolloré n'ont exigé de leurs enfants qu'un vernis scolaire minimal. Le rapport à l'argent est également fondamental. Si Arnaud Lagardère ne s'est jamais rien vu refuser par son père qui compensait son absence par des cadeaux et un train de vie luxueux, d'autres familles comme les Mulliez, les Decaux ou les Bettencourt veillent à ce que leur progéniture gardent le sens et la mesure de l'argent.

Certaines transmissions font figure d'exemples. Les Decaux, les Hermès, les Pinault ou les Mulliez ont chacun à leur façon remporté leur pari. Les familles, conscientes de l'importance vitale de l'enjeu d'une succession, s'échangent parfois des conseils à ce sujet. Le jeune Armand Peugeot, 29 ans, comme quelques années avant son aïeul Pierre, est allé voir les dirigeants Mulliez pour comprendre comment perpétuer un lien familial et donc la vie de l'entreprise avec un nombre toujours croissant d'héritiers. Il a retenu de sa rencontre un constat en forme d'avertissement : *« Les non-dits entraînent les maladies et les maladies entraînent les malédictions. »* En bref, il est vital de se parler, d'échanger, de multiplier les occasions de se voir entre cousins et de tisser des liens. Les Dassault sont allés également demander aux Mulliez, qui se sont transformés en véritables experts ès successions, leurs recettes d'une transmission réussie.

À force de s'observer, ces familles puissantes connaissent les dangers qui les guettent. Jean-Claude Decaux n'avait qu'une hantise : faire des « fils à papa », et a jeté les siens, tout jeunes, dans le grand bain de l'entrepreneuriat. Il a su lâcher les rênes très tôt aussi, donnant la nue-propriété de son entreprise à ses trois enfants alors qu'il était à peine âgé de 40 ans. « *Une transmission c'est une course de relais,* explique son fils Jean-Charles. *Soit on traîne et le passage de témoin se passe mal, soit il se fait à pleine vitesse et on a des chances de gagner.* »

Voilà le décor posé. Plusieurs milliards en actions et dividendes, des milliers d'emplois, des marques mondiales sont en jeu et c'est ce déferlement de richesse et de pouvoir qui aiguise la violence des passions. Lorsque la puissance des liens du sang se heurte aux intérêts capitalistiques, quand la réalité des rapports de force malmène la pureté des sentiments, Balzac se fait Shakespeare. Car derrière les noms prestigieux de ces grands squales des affaires, se cachent des amours contrariées, des ressentiments profonds et des enfants perdus.

La matrice universelle de toute famille.

1.

Les Bolloré à l'ombre du patriarche

Ils ont l'air vaguement ridicules, tous les trois, dans leurs costumes traditionnels qui tranchent avec les manteaux et les jeans de la petite cour qui les entoure. Vestes de gros drap de laine à boutons dorés, chapeaux ronds des Bretons du siècle dernier : Vincent, Cyrille et Yannick Bolloré s'amusent eux-mêmes de leur accoutrement. Le prêtre a revêtu une chasuble en dentelle blanche, les Bretons du coin tiennent leur casquette à la main et Cyrille porte la grande croix dorée de l'église, comme s'il ouvrait la procession.

Ce 17 février 2022, le père et les deux fils fêtent les deux cents ans de leur groupe, à Ergué-Gabéric, ce village du Finistère où furent fondées les Papeteries de l'Odet, point de départ de la fortune familiale. Évidemment, les communicants du groupe ont rameuté la presse : cela fait déjà deux ou trois ans que Vincent Bolloré montre à qui veut son téléphone portable où s'égrène le décompte qui le sépare de cette date anniversaire qui doit être aussi celle du passage de témoin à deux de ses fils.

Les photographes saisissent complaisamment l'événement, comme si la messe qui doit être célébrée dans la petite église du village servait d'abord à bénir cette succession tant annoncée.

Est-ce ce déguisement qui donne le sentiment d'assister à une farce ? Ou le sourire trop large et le regard moqueur du grand patron ? Personne ne semble vraiment y croire. Ni le père, ni les fils, ni la plupart des barons du groupe Bolloré. Derrière le folklore et la cérémonie surjouée, qui peut imaginer que Vincent lâche réellement les rênes ? Depuis plusieurs mois, pourtant, il s'attache à ne plus paraître sans Cyrille, 37 ans, PDG du groupe depuis déjà quatre ans, ou Yannick, 43 ans, président du conseil de surveillance de Vivendi. À chaque événement, chaque assemblée générale, Vincent Bolloré passe ostensiblement la parole à ses garçons – *« mes deux enfants utiles »*, a-t-il dit cruellement un jour – sans jamais manquer de souligner qu'ils incarnent le nouveau pouvoir. Même Sébastien Bolloré, cet aîné de 44 ans que personne ne connaît et qui vit entre les États-Unis et l'Australie, a été soudain propulsé directeur général délégué de la Compagnie de l'Odet, le vaisseau amiral de la famille. Mais les fils adoptent toujours devant leur père cet air juvénile qui les cantonne pour l'heure dans le rôle d'éternels dauphins, laissant au patriarche celui de roi véritable.

Officiellement, l'hyperactif Vincent n'a plus de rôle opérationnel. En réalité, il continue à s'occuper de la future cession des activités portuaires en Afrique, du pôle communication de Vivendi, de l'OPA menée sur le groupe Lagardère et jusqu'aux productions de Canal+ ou aux nominations au sein des maisons d'édition du groupe. *« Il laisse ses enfants nager dans le grand bain,* résume un ami de la famille, *mais c'est toujours lui le boss. »*

Vincent Bolloré n'a pourtant pas ménagé sa peine pour construire cet empire dont il est si fier. Il l'a édifié à sa manière, à la fois séduisante et brutale, égoïste et visionnaire. Il a failli tout compromettre, avant de tout redresser. Mais si l'on veut comprendre le formidable effort accompli pour transmettre l'entreprise à la septième génération de cette dynastie si particulière, il est impossible de ne pas se replonger trente ans en arrière. Le cadre ? C'est celui d'un vaudeville familial aussi transgressif que douloureux. Les acteurs : ce sont ceux d'un microcosme aussi discret que secret. Un événement somme toute ordinaire va bouleverser l'univers feutré du CAC 40.

En ce mitan des années 1990, l'entrepreneur déjà flamboyant quitte son épouse, Sophie, la mère de ses quatre enfants, pour l'une des sœurs de cette dernière, Florence. Une quadra pimpante, mère de huit enfants de deux maris différents, pour laquelle Vincent avait déjà eu le béguin du temps de leur jeunesse dorée, sur les plages de la Côte d'Azur.

Les sœurs Fossorier sont des figures de la bonne bourgeoisie. Nées à Neuilly, petites-filles d'un ancien maire de Deauville, ces jolies blondes dotées de la meilleure éducation ont fait d'excellents mariages. Brigitte, l'aînée, a épousé Gérard Longuet, un énarque appelé à devenir ministre ; Sophie, la troisième, Vincent Bolloré. Toute la petite bande part en vacances ensemble, fait bombance sur des yachts, danse à Saint-Tropez. Ils sont admirés, enviés et craints. Tout semble leur réussir.

Leurs vieux amis se souviennent de cette tribu soudée autour de Vincent, ce bel homme séducteur et solaire, du couple qu'il formait alors avec Sophie, et que tous trouvaient si sympathique avec leurs quatre enfants scolarisés au sein d'une institution catholique prestigieuse, Saint-Jean-de-Passy, dans le XVIe arrondissement de Paris. Un chef d'entreprise déjà vorace qui offre à sa famille une vie facile, à l'image de celle qu'il a connue, enfant dans un hôtel particulier en bordure du bois de Boulogne, où Georges Pompidou et François Mitterrand étaient conviés à dîner.

Son propre père, ami des puissants et de l'écrivaine Françoise Sagan, avait lui-même fréquenté les meilleurs établissements, entouré de gouvernantes qui l'accompagnaient en vacances en Suisse ou dans les multiples résidences d'été de la famille. Les Bolloré, une dynastie douée pour les plaisirs de la vie, que rien, pas même les avanies financières, ne semblait pouvoir arrêter.

Le départ brutal de Vincent Bolloré fait l'effet d'une déflagration dans ce petit cercle de privilégiés. Quitter sa femme pour sa belle-sœur, cela ne s'est jamais vu parmi ces grands bourgeois qui vont à la messe tous les dimanches. Le patron affichait d'ailleurs volontiers, jusque-là, une vision traditionnelle de la famille. Le samedi, il a longtemps emmené les enfants à l'école. Les magazines raffolaient des photos de la tribu, blonde et bronzée, image du succès complaisamment mise en scène par *« le petit prince du cash-flow »* comme l'a seriné la presse jusqu'à l'écœurement. Et le voici soudain dans le rôle du play-boy inconséquent.

La plupart des amis du couple se rangent aux côtés de la femme délaissée. Pour les enfants, jusque-là couvés par ce père attentionné, qui préférait passer ses soirées en famille plutôt que dans les cocktails mondains, une page se tourne. Voir ce modèle adoré, qui jadis prenait le temps de leur parler de ses affaires et de leur montrer l'implantation de ses sociétés sur une carte du monde, partir pour aller vivre avec leurs cousins leur est insupportable. Alors en pleine adolescence, Yannick, le deuxième de la fratrie, prend la tête de la fronde.

Les voisins de la villa Montmorency – cette enclave du XVIe arrondissement où sont rassemblées les plus grosses fortunes du pays – se remémorent avec effroi ce jour où ils ont aperçu Vincent Bolloré ramasser ses vêtements jetés rageusement sur la pelouse par son fils, depuis la fenêtre. D'un coup, l'image de la famille parfaite se fissure, le « scandale » alimente les conversations du quartier.

Cet homme de clan, pour lequel la famille doit être un ciment indestructible, prend la mesure des conséquences de son choix. Car *« si le patron est un tueur, l'homme privé est un grand affectif »*, assure une amie de jeunesse. L'industriel, secret de tempérament, ne parle à personne de ses tourments, mais il vit douloureusement la brouille avec les siens. Il n'a jamais oublié que la terrible mésentente entre son père et ses oncles avait conduit le groupe familial au dépôt de bilan.

À 29 ans, marqué par la faillite de son père, la fin brutale de l'insouciance, le téléphone soudain silencieux, les amis oublieux, il s'était alors fixé pour mission de ravauder ce qui pouvait l'être. Avec son frère aîné, Michel-Yves, il a racheté, en 1981, les papeteries familiales en faillite pour 4 francs symboliques, une aberration économique qui montre à quel point sa détermination à ne pas laisser son nom se ternir est grande. Il redresse si bien l'entreprise qu'elle entre en Bourse quatre ans plus tard. L'étape suivante est le rachat de la société de transports SCAC, puis d'un poids lourd du secteur, la compagnie de transport maritime Delmas-Vieljeux, jetant les bases de son développement en Afrique et de son empire.

Depuis, comme s'il voulait venger les humiliations familiales, il a construit sa fortune en jouant des divisions entre héritiers d'entreprises pour les racheter à bas prix. Il est donc bien placé pour savoir combien une cassure durable avec ses enfants pourrait mettre en péril tout ce qu'il a bâti. Pour conjurer cette menace, il ne cessera d'essayer de se réconcilier avec eux. Son obsession : les ramener un à un dans son giron et ne plus jamais les laisser s'éloigner.

Le cas de Sébastien, l'aîné, né en 1978, se règle quasiment de lui-même. À peine majeur, celui-ci a décidé de fuir le marigot familial. Parti à Los Angeles, il a obtenu un diplôme à l'UCLA, l'université de Californie. Il semble si déterminé à tracer sa route comme il l'entend que même l'ex-maire socialiste de Quimper Bernard Poignant, un ami de quarante ans de son père, ne l'a jamais rencontré. Mystérieux premier fils qui aurait pu reprendre le flambeau, mais n'apparaît pas sur les photos de famille, ni dans les événements officiels, alimentant d'autant plus les fantasmes que son père n'en parle quasiment jamais. Ses choix personnels l'ont-ils d'emblée écarté de la liste des successeurs possibles ? Vincent Bolloré a refusé de répondre à nos sollicitations, pour lui-même et pour l'ensemble des siens.

En cette fin des années 90, c'est sur Yannick, le plus remonté à son encontre, que l'homme d'affaires concentre ses efforts. Comme ses deux cadets, Cyrille et Marie, le jeune homme suit alors des cours à l'université Dauphine – *« parce que c'était direct en bus de la maison »*, aime à plaisanter son père. À l'époque, c'est surtout la fête qui fait vibrer Yannick, souriant et séduisant jet-setteur toujours prêt à retrouver sa bande de copains dans les boîtes à la mode, Les Planches, Le Duplex ou L'Enfer.

Quand il s'agit de réfléchir à un métier, Yannick penche pour le cinéma. Bien décidé à exister hors du groupe, il monte une petite maison de production. Mais son père ne l'entend pas ainsi. Puisque les activités de sa holding n'intéressent pas son fils, il va lui offrir un terrain de jeu sur mesure : une chaîne de télévision. À la tête de D8, son « bébé », Vincent Bolloré a dépêché en 2005 le journaliste Philippe Labro. L'ancien patron de RTL a été nommé vice-président de la petite chaîne.

Trente ans auparavant, Labro avait écrit et réalisé *L'Héritier*, avec Jean-Paul Belmondo. L'histoire du fils d'un industriel, propriétaire d'un groupe mêlant médias et fabrication de métal, obligé de reprendre au pied levé l'entreprise après la mort de son père. Bien sûr, Philippe Labro n'a pas insisté auprès de Vincent sur la fin de son film. Belmondo y terminait assassiné par des concurrents... Mais il a parfaitement compris son rôle : former et éventuellement évaluer la capacité du deuxième fils de Vincent à diriger un éventuel pôle communication du groupe.

Yannick a aussi décrypté l'enjeu, lui qui appelle Labro *« padrino »*, le parrain. Une chaîne de télévision. Comment refuser pareille opportunité alors que l'on commence à peine dans la vie ? Et puis, son père a déployé des trésors de charme et d'inventivité. D8, sa petite chaîne de bric et de broc, s'est installée dans un immeuble vide. Elle fonctionne avec moult stagiaires et bon nombre de journalistes amateurs. Mais Vincent présente à Yannick, bombardé directeur des programmes, une myriade de producteurs et d'actrices, tout cet univers de paillettes dont son fils rêve. De l'eau a coulé sous les ponts, l'idylle de Vincent avec sa belle-sœur n'a pas duré. Le charisme et la force de persuasion de ce père si fascinant font le reste. Le cadet, qui avait pris la tête de la fronde, donne le signal à toute la fratrie et, un à un, les enfants pardonnent. *« C'est un aimant,* dit du patriarche l'un de ses amis, *il a ressoudé les enfants, les a ramenés à lui avec opiniâtreté et avec la certitude que le groupe devait continuer à fonctionner. »*

Pour mieux veiller sur la réussite du deuxième de ses quatre enfants, Vincent Bolloré a donc délégué auprès de lui ses plus proches collaborateurs, Jean-Christophe Thiery et Dominique Delport. L'équipe ainsi constituée monte un dossier à destination du Conseil supérieur de l'audiovisuel pour la création d'une chaîne sur la TNT. En 2005, Direct 8 voit le jour. L'aventure des Bolloré dans les médias peut commencer.

Avec Cyrille, la tâche est plus aisée. Né en 1985, cinq ans après Yannick, il est sérieux, travailleur et discipliné. C'est celui qui ressemble le plus à son père, capable d'être cassant mais dur à la tâche. « *C'est Vincent, le charme en moins* », persiflent les mauvaises langues. Il parle comme lui, adopte ses expressions, imite sa signature, comme Vincent imitait jadis celle de son père. Surtout, il n'a pas les réticences de son frère Yannick vis-à-vis des activités africaines du groupe paternel, qui jure à ses copains que « *jamais* » il n'y mettra le petit doigt.

Cyrille est diplômé de Dauphine, lui aussi. Après ses débuts à Londres dans la banque, puis aux États-Unis dans le trading pétrolier, il se voit proposer par son père de rejoindre le groupe. « *Tu t'y colles et tu regardes si cela te plaît* », lui conseille-t-il en 2007. Cinq ans plus tard, lors d'une conférence de presse, Vincent présente Cyrille comme son « *successeur pour les activités industrielles et logistiques* ».

Enfin, le chef de clan récupère dans ses filets la petite dernière, Marie, née en 1988, en la recrutant, après son cursus à Dauphine – elle aussi –, à Blue Solutions, la filiale de batteries électriques dont Autolib' est le porte-drapeau.

L'homme d'affaires, attaché aux symboles, jubile de ce rôle retrouvé de patriarche entouré de ses enfants. Maintenant que sa famille est enfin ressoudée, il se plaît à la mettre en scène, notamment dans son fief breton de Beg Meil, où il a conservé le manoir familial, longtemps propriété de son oncle Gwenn-Aël Bolloré, un des héros du commando Kieffer, qui a contribué à libérer la France des occupants allemands. « *Vincent appartient à la sixième génération des Bolloré et il a depuis toujours une vision dynastique,* souligne Bernard Poignant, son vieil ami breton. *Il s'inscrit dans un patrimoine, se situe dans une chaîne et a toujours dit qu'il allait transmettre.* »

Au premier étage de la demeure principale, l'homme d'affaires a fait installer un musée avec textes et photos encadrés – où l'on peut voir Pompidou à la pêche à la crevette –, dans une impeccable scénographie retraçant à la fois l'histoire de la famille et celle du groupe. Ses clients importants, ses visiteurs étrangers, les politiques français venus pour une inauguration ou la pose d'une première pierre ne coupent pas à la visite guidée par le propriétaire des lieux.

Le maître de maison adore convier ensuite les anciens élus et ministres – Emmanuel Macron, Manuel Valls, Christian Estrosi ou Jean-Louis Borloo y ont eu droit – à un dîner où il mêle à ces visages connus d'anciens ouvriers, l'ex-maire du village, le curé, le colonel de gendarmerie. Tous les ans, le 16 janvier, il organise une messe dans la chapelle du manoir, en mémoire de son grand-père René, disparu en 1935. Proches, employés et enfants sont priés d'y assister. Comme ils se doivent de participer – autre tradition familiale – au ramassage des coquillages sur la plage les jours de grandes marées.

Depuis que la réconciliation a été scellée dans les années 2000, Vincent Bolloré met tout en œuvre pour qu'aucun de ses enfants ne s'éloigne à nouveau. Il prend soin d'eux dans les moments difficiles. Alors que sa chaîne CNews se fait le porte-voix des antivax, en bon papa poule il s'est démené pour faire vacciner contre le Covid-19 toute la famille dès les premières doses disponibles.

Pour tenter de maintenir les liens dans la fratrie distendue, il organise également des repas du dimanche à la campagne, près de Fontainebleau (Seine-et-Marne), autour d'un traditionnel poulet-frites. L'été, le voilà transformé en chef scout, faisant monter toute sa tribu dans un grand van posté à la sortie de l'avion privé, pour rejoindre en chantant Saint-Tropez (Var), où il a fait construire à chacun sa propre maison.

Anniversaires, inaugurations d'usine, tout est bon désormais pour rassembler son clan ou, du moins, afficher son unité. Il peut même en jouer, comme une provocation, lors du mariage qui unit, en 2006, devant trois cents invités, Yannick et Chloé Bouygues, la nièce de Martin Bouygues. Enfants, Vincent Bolloré et Martin Bouygues étaient condisciples en CM1, mais ils ne s'adressent plus la parole depuis qu'en 1998, le premier a lancé un raid inamical sur le groupe du second. Pour ne pas risquer de croiser son rival breton, Martin Bouygues a préféré ne pas assister à la fête. « *Au moins, on est sûr que c'est un mariage d'amour* », ironise Vincent devant toute la noce.

Les quatre enfants sont désormais tous salariés du groupe, successeurs de leur père en même temps que ses obligés. À ceux-là s'ajoute Cédric de Bailliencourt, le neveu du grand patron, monté lui aussi au sein de l'entreprise en débutant dans le secteur des matières premières, café et cacao, avant de devenir directeur financier.

Pour autant, les héritiers sont loin d'être tous au même niveau dans la hiérarchie du pouvoir. Si Cyrille et Yannick occupent de véritables fonctions, l'un à la tête de la holding depuis 2019, l'autre à celle de Vivendi depuis 2018, l'aîné, Sébastien, et la dernière, Marie, sont moins bien lotis. Avant de recevoir en juin 2022 un titre aussi ronflant que vide de directeur général délégué de la Compagnie de l'Odet, la holding familiale, Sébastien ne s'était vu confier que des missions marginales aux États-Unis ou en Australie, bien loin de l'épicentre des affaires du clan.

Sa sœur, Marie, dont Vincent Bolloré parle si peu à ses proches, s'est retrouvée propulsée au cœur de l'un des dossiers les plus compliqués du groupe, celui d'Autolib'. Pas un cadeau pour une jeune femme timide, qui de l'avis général a eu du mal à gérer un bras de fer avec la mairie de Paris après l'arrêt du service d'autopartage. « *Je la laisse faire,* commentait alors Vincent Bolloré, jamais en reste d'une saillie misogyne, *parce que avec les femmes, si on leur confie le volant en leur disant à tout moment "accélère" ou "freine", ça finit mal.* »

En réalité, Marie n'a jamais conduit seule les négociations. Gilles Alix, directeur général du groupe Bolloré, l'accompagnait à tous les rendez-vous, parlant à sa place et étant systématiquement en copie de ses courriels. Lorsque les discussions se sont durcies, la jeune femme a disparu au profit de son père, qui a affronté seul Anne Hidalgo et ses équipes.

Même entre Cyrille et son frère Yannick, les mieux placés dans la succession, la répartition est loin d'être équitable. Cyrille dirige l'empire – sous le regard constant de Vincent –, ce qui le place au-dessus de son aîné. Le microcosme des affaires garde en mémoire cette phrase du patriarche voyant arriver Yannick et Cyrille à un pince-fesses : « *Voilà le beau gosse et celui qui bosse !* »

Si Vincent Bolloré affirme aimer autant l'un que l'autre, c'est à Cyrille, le plus costaud et le plus discret, qu'il a confié les clés du coffre et les responsabilités les plus importantes. C'est le seul qu'il a lui-même vraiment formé, lui faisant grimper un à un les échelons de son empire, avec exigence. Un jour, alors que Cyrille se plaint du caractère ombrageux de Dimitri Xylinas, patron de la distribution pétrolière du groupe, avec lequel il doit travailler, son père lui rétorque : « *Tu vois, la vie des affaires, c'est ça. On est confronté à des types qui vous emmerdent toute la journée. Il faut tenir et progresser. En haut, il y en a moins.* »

Pour aider Cyrille à atteindre le « *haut* », il a fait

appel à ses amis Nicolas Sarkozy et Michel Roussin, l'ancien ministre spécialiste des affaires africaines, qui a organisé le premier voyage de l'héritier à Abidjan, en Côte-d'Ivoire. Vincent Bolloré a ensuite confié son fils à Étienne Giros, directeur de la division Afrique du groupe Bolloré entre 1991 et 2005. Ce dernier l'emmène au Cameroun et l'initie au business comme aux secrets de la branche africaine, dans laquelle il évolue désormais avec aisance.

Vincent a fini par lui laisser officiellement les pleins pouvoirs en 2019, ainsi que son bureau dans la tour qui porte le patronyme de la famille à Puteaux, dans les Hauts-de-Seine. Le fils choisi n'a rien changé à la décoration du lieu. Tout juste a-t-il ajouté un ou deux fauteuils. Il travaille sur la table ayant appartenu à son grand-père, manière de signifier qu'il prend lui aussi la mesure de cet héritage.

Les hauts cadres du groupe ne sont pas dupes de cette organisation. Quelles que soient les fonctions des uns et des autres, les décisions majeures sont prises par Vincent et lui seul : l'entrée dans le capital de Lagardère, les ambitions du groupe sur Europe 1, la stratégie de Vivendi, les affaires africaines. C'est à peine s'il prend le temps d'en informer ses fils. Il est omniprésent, passant une tête dans les comités de direction où siègent ses enfants, histoire de montrer qu'il demeure le patron.

Dans un tel contexte, Yannick a dû avaler pas mal de couleuvres. Lorsque Bertrand Meheut, le patron de Canal+ à l'époque, explique à Vincent

Bolloré qu'il a besoin d'une petite chaîne gratuite, ce dernier accepte de transformer Direct 8, privant son fils, sans lui demander son avis, de la chaîne sur laquelle il s'était fait les dents. Yannick encaisse sans broncher. Il organise même un grand pot d'adieu avec les collaborateurs de la chaîne. Son père le place ensuite à Havas comme pour lui rappeler qu'il est le chef et que tous doivent s'adapter.

Parfois, Yannick laisse tout de même poindre une once d'agacement. Charmeur et frondeur, il est le seul de la fratrie à oser faire savoir qu'il n'est pas tout à fait d'accord avec certaines décisions paternelles. En 2017, alors que la reprise en main brutale de son père sur I-Télé (la future CNews) a provoqué, quelques mois plus tôt, le départ des trois quarts de la rédaction, il reconnaît devant l'association des journalistes médias que ce dernier *« s'occupe peut-être de trop de choses »*. Deux ans auparavant, dans les colonnes du magazine *Challenges*, il expliquait : *« Travailler en famille est une chance quand tout se passe bien, mais ce n'est pas plus simple. C'est formidable ou plus compliqué, car l'émotionnel et l'irrationnel peuvent entrer en jeu. »*

Mais c'est un jeu gagnant-gagnant auquel se livrent père et fils, celui de la complémentarité. À Yannick le rôle du gars cool, chemise blanche et bracelets aux poignets, copain de Cyril Hanouna, avec lequel il joue au tennis, et discutant avec les journalistes quand son père les exècre. Il apporte son aisance et son réseau à Cyrille, plus renfermé, qui en manque. À Vincent le rôle de l'industriel agressif et cynique. Quand ses proches s'étonnent de voir le patron *« se comporter en pirate du lundi au samedi et en grenouille de bénitier le dimanche »*, courbé sur son prie-Dieu aux messes, qu'il ne manque jamais, Bolloré père répond sans fard : *« La religion catholique est formidable : je pèche, je me confesse, je recommence. »*

S'il ne laisse pas vraiment les mains libres à ses fils, le grand patron les protège aussi, par son attitude. En tenant le rôle du méchant, il attire regards et critiques. Ainsi, quand, actionnaire majoritaire de Vivendi depuis 2012, il devient le président du conseil de surveillance de Canal+ en 2015, il assume ce mauvais rôle. Provocateur en diable, il lance aux salariés hostiles, réunis à l'Olympia : *« Il y a un psychopathe qui est arrivé dans une pension de famille… Le psychopathe, c'est moi, la pension de famille, c'est vous. Et le psychopathe, sans savoir exactement pourquoi ni qui, tue régulièrement et brutalement un certain nombre de gens. »* Il dira, un peu plus tard : *« Je ne suis là que pour prendre les coups, ce qui est assez utile pour les autres, car j'attire la foudre sur moi. »* Les *« autres »*, ce sont ses fils.

Pendant des années, Vincent Bolloré a répété qu'il lâcherait les rênes du groupe le 17 février 2022. Lorsque le grand jour est arrivé, il a suivi pas à pas la mise en scène prévue… et rien n'a changé. A-t-il reporté simplement l'échéance de quelques mois, le temps de terminer l'absorption du groupe Lagardère ? *« C'est une vaste blague ! Jamais il ne cédera sa place, même à ses enfants,* s'esclaffe un conseiller des puissants qui le connaît bien. *Même s'il affecte d'être président d'honneur, vous verrez, il sié-*

gera en bout de table et, dès qu'il dira un mot, tout le monde s'inclinera. » Pour beaucoup, le scénario le plus probable est celui du maintien d'une influence officieuse. « *Transmettre n'est pas disparaître,* note en souriant son ami Bernard Poignant. *Jusqu'à sa mort, il aura un œil sur le groupe.* »

2.

Les Lagardère, dernier inventaire avant liquidation

Un enfant, 11 ans à peine. « *Un petit garçon facile, très gentil* », confiera plus tard sa mère aux biographes, sans être capable d'en dire beaucoup plus sur son fils. Dans le sillage du jeune Arnaud, lorsqu'il va au cours privé Saint-Louis-de-Monceau, au cœur de Paris, un garde du corps, sympathique et baraqué, qui joue à la fois les nounous et les gros bras depuis six ans pour cette petite cible potentielle. Son père, Jean-Luc Lagardère, dirige Matra, une grande entreprise qui s'est spécialisée dès l'après-guerre dans les lance-roquettes, les missiles et l'industrie de l'armement.

À Paris, le gamin habite avenue Hoche, non loin de l'Arc de Triomphe. L'hiver, il skie à Courchevel. L'été, il se baigne à Marbella, dans le sud de l'Espagne. Sur le papier, une vie de rêve. Une catastrophe intime vient pourtant de troubler ce bel équilibre : après quatorze ans de mariage, sa mère, Corinne, passionnée de chevaux, a quitté son mari pour un cavalier de concours hippiques.

Nous sommes en 1972, Valéry Giscard d'Estaing

n'est pas encore président de la République et le divorce par consentement mutuel n'a pas été voté. Chez les Lagardère, la séparation vire à la guerre de tranchées. Jean-Luc n'est pas un homme que l'on abandonne si facilement. Cet ingénieur diplômé de Supélec est en pleine ascension. Bientôt, il va devenir le PDG de Matra et celui d'Europe 1, la radio de « Salut les copains ». C'est un patron charismatique et séduisant, affichant une virilité à la Sean Connery dans les vieux *James Bond* : sourire ravageur, corps sculpté par les parties de tennis, teint hâlé été comme hiver. *« À ma place, que ferait John Wayne ? »*, aime-t-il plaisanter. C'est dire s'il se perçoit comme un héros.

Alors, il bataille. Pas pour récupérer cette épouse qui l'a humilié, mais pour obtenir la garde exclusive d'Arnaud, l'enfant unique du couple, l'héritier de l'empire en construction. Trois ans de procédure. À une époque où les juges statuent presque systématiquement en faveur des mères, Jean-Luc Lagardère obtient que Corinne perde quasiment tous ses droits sur son fils. Pas question de partager la garde de l'enfant, ni même de négocier un week-end sur deux. Puisqu'elle a fait voler la famille en éclats, qu'elle parte sans rien revendiquer, cingle le mari trompé. Corinne a tenté de plaider sa cause et la jeunesse de leur garçon, mais devant tant de détermination, elle a fini par abandonner la partie. D'ailleurs, Arnaud, sommé de choisir, n'a-t-il pas affirmé qu'il voulait rester avec son père ? *« Il était le plus fun et le plus intelligent »*, confie-t-il aujourd'hui. Il ne verra sa mère qu'aux grandes vacances. Puis, bientôt, plus du tout. « *Elle me manquait* », reconnaît-il aujourd'hui, mais il est pris à l'époque dans un conflit de loyauté. En quittant son père pour un autre, sa mère « *a trahi* » celui qu'Arnaud admire le plus au monde. Elle n'a pas non plus ménagé son fils. Trois mois après son départ du domicile conjugal, Corinne lui a présenté un bébé : voici Pamela, ta demi-sœur. C'est beaucoup pour un garçon qui entre tout juste dans l'adolescence.

Cela fait aujourd'hui près de vingt ans que Jean-Luc Lagardère est mort. Le « petit Arnaud » en a soixante et un. Ses tempes grisonnent autour de son visage juvénile, mais il a gardé une étrange voix d'enfant, comme s'il était encore ce garçon privé de maman que l'on trimballe dans des villégiatures de luxe avec son garde du corps.

Lorsque nous l'avons sollicité pour cette enquête, il a hésité plusieurs semaines avant d'accepter de nous rencontrer. Nous ne lui avons pas dit à quel point, chaque fois que l'on a demandé à des banquiers, des patrons, des ministres s'ils avaient en tête des exemples de successions ratées, le cri a été unanime : « *Lagardère, évidemment !* » Depuis presque deux décennies, Arnaud Lagardère ne peut ignorer qu'on ne cesse de le mesurer à son flamboyant père et que la comparaison est toujours à son désavantage. Dans le bureau où il nous convie, qui était auparavant celui de Jean-Luc, les photos du patriarche trônent partout. Le fils évacue pourtant en deux phrases le jeu des similitudes, comme pour se débarrasser d'une affaire entendue : « *Je ne lui arrivais pas à la cheville. Je ne lui arrive toujours pas à la cheville, mais on n'arrive jamais à la cheville de ses idoles. »*

C'est à la toute fin du mois de juin 2021 que s'est produit le séisme qui a stupéfié le petit cénacle parisien du pouvoir. Arnaud Lagardère a renoncé à la commandite. Voulu par Jean-Luc, ce statut particulier leur a permis, à l'un puis à l'autre, de diriger une entreprise puissante – le groupe Lagardère – en possédant moins de 10 % de son capital. Il se retrouve sans pouvoir, à la merci des fonds d'investissement et des grands capitalistes comme Bernard Arnault et surtout Vincent Bolloré, qui admiraient son père et le méprisent, lui.

Ainsi, après avoir rétréci en moins de quinze ans le périmètre du groupe en cédant la branche aérospatiale (EADS) et en vendant ou fermant une partie des médias (diverses chaînes de télévision, *Télé 7 jours* et *Elle*, fleuron des magazines féminins), après s'être beaucoup endetté, Lagardère junior a définitivement soldé l'héritage paternel. Vincent Bolloré est suspecté de diriger déjà en sous-main les médias et les maisons d'édition du groupe. *« Il y a beaucoup de similitudes entre Vincent et mon père »*, affirme crânement Arnaud Lagardère fils, allant même jusqu'à déclarer à la télévision : *« Si le nom de Lagardère doit disparaître au profit de Bolloré, j'en serai heureux. »* Inutile d'avoir lu Freud pour mesurer son ressentiment à l'égard du père derrière ses déclarations répétées d'admiration.

C'est ce moment précis de la grande liquidation que l'héritier a choisi pour nous parler de succession. Il sait désormais que ses cinq enfants, nés de deux mariages, n'hériteront pas de l'entreprise. Au mieux, ils se partageront ce qu'il restera de son patrimoine, au pire de ses dettes. Un soulagement, sans doute. Jamais Arnaud Lagardère n'a semblé avoir le projet de transmettre la direction du groupe à ses fils aînés, Alexandre, 27 ans, et Emery, 25 ans, nés de sa première union avec Manuela Erdödy, une Autrichienne bon chic bon genre, qu'à Europe 1 on surnommait autrefois « Sissi ». Pas davantage aux deux filles, Liva, 8 ans et demi, et Mila, 7 ans, et au fils, Nolan, 5 ans, qu'il a eus avec sa seconde épouse, la spectaculaire mannequin belge Jade Foret, dont la vie postée chaque jour sur Instagram ressemble à de longues et coûteuses vacances en bikini. Il leur épargnera le fardeau qui lui a tant pesé. *« Il pense profondément que ce n'est pas un cadeau,* assure l'une de ses proches. *Lui ne voulait pas de cette existence, il rêvait de Californie, d'insouciance. La vie l'a rattrapé... »*

Au début de cette histoire, il y a donc ce divorce terrible qui l'a séparé à jamais de sa mère et a fait de lui, selon une amie de la famille, *« un chien perdu sans collier ». « Ma maman »*, dit-il toujours aujourd'hui avec ce sourire constant dont il a fait une armure contre la méchanceté du monde. Une « maman » qui ne connaît même pas ses trois derniers petits-enfants.

Au début de cette histoire, il y a aussi cette relation fusionnelle et névrotique avec un père dominateur. Un lien carnivore qui fait dire à ses amis, comme à ses adversaires, que la désinvolture d'Arnaud à l'égard des affaires, ses échecs dans la gestion du groupe et même cette façon provocante de se moquer des usages du CAC 40 ne sont qu'une façon de régler ses comptes avec lui. Un jour, alors qu'il avait été placé à ses côtés à la table familiale, l'ancien Premier ministre socialiste Michel Rocard, qui avait souffert sous la férule de son géniteur, le grand physicien Yves Rocard (1903-1992), s'était penché vers Arnaud pour lui glisser : *« Nous avons le même problème, vous et moi... le père. »*

Michel Rocard ne croyait pas si bien dire. Adorer ou détester un père trop brillant, c'est l'assurance de ne jamais s'en émanciper. Sauf à le tuer, symboliquement du moins. Une des premières décisions qu'Arnaud a prises en 2005 n'a-t-elle pas été de vendre pour 40 millions d'euros à l'Aga Khan la formidable écurie de course (220 chevaux) que son père avait mis des décennies à monter ? Cette écurie si prestigieuse, dont la création avait pour but d'humilier l'épouse partie avec un éleveur, *« cette écurie symbole du malheur de ses parents »*, analyse une proche. *« Je devais payer les droits de succession »*, balaye le fils, sans paraître saisir le sens inconscient de ses mots.

Le 27 janvier 2000, père et fils avaient assuré d'une même voix, dans les colonnes du magazine *L'Express* : *« Lui c'est moi et moi c'est lui. »* Rien n'est moins vrai. Par quelque bout qu'on prenne leur histoire, Arnaud s'est appliqué à faire tout le contraire de Jean-Luc. Meilleur père que lui et moins bon patron. Assez peu politique quand l'autre hantait les ministères. Paresseux quand son père passait sa vie dans ses dossiers. Mais si, aujourd'hui, les jugements sont sévères pour le fils, ils oublient la responsabilité du père.

Les dirigeants les plus clairvoyants se penchent très tôt sur l'éducation de leurs enfants lorsqu'ils aspirent à les voir prendre leur suite à la tête de l'entreprise. Jean-Luc Lagardère, lui, a d'emblée lâché l'affaire. Il adorait son fils, c'est certain, mais il s'adorait d'abord lui-même. Au baptême d'Arnaud, il avait convié tout le comité exécutif de l'entreprise dans un mélange des genres dont il était coutumier. Une fois divorcé, il a délégué le quotidien et les études de l'adolescent à ses propres parents, Marthe et André. En voyage la moitié de la semaine, il imposait à son fils, lorsqu'il était là, ses petits déjeuners professionnels : Arnaud, 16 ou 17 ans, installé en bout de table, croquait dans ses tartines pendant que Jean-Luc discutait « business » avec l'un des barons de son groupe, installé en face de lui. Comme si s'offrir en modèle allait suffire à donner le goût des affaires au jeune garçon... Le week-end, pour le séduire, il l'entraînait dans son sillage pailleté aux 24 Heures du Mans, aux courses de chevaux à Deauville ou au Festival de Cannes. « *Mon père était mon idole,* reconnaît Arnaud. *J'avais un poster des Rolling Stones dans ma chambre et j'avais l'impression de vivre avec Mick Jagger.* »

Imaginer son père en rock star, c'est s'exposer à de profondes désillusions. C'est aussi la source d'un malentendu sur ce qu'est la gestion d'un groupe, dont on mesure les effets aujourd'hui. De la part de Jean-Luc, trop d'argent pour compenser ses absences, aucune exigence sur les études ou le travail : le jeune Lagardère a grandi sans comprendre ce qui l'attendait, rêvant d'être pilote d'avion ou chanteur. Jamais, jure-t-il, son père ne lui a dit : « Tu vas me succéder un jour. » Jamais non plus il ne l'y a préparé. Pas de tête-à-tête solennel, pas de passage de témoin officiel. *« Je voyais bien qu'il avait appelé le groupe "Lagardère", mais il était gêné d'énoncer clairement les choses devant moi. Il pensait que c'était aux autres de dire qu'un jour je prendrais la suite. »* Arnaud Lagardère ne dit pas que son père n'était peut-être pas certain de sa capacité à reprendre le flambeau.

Dans les années 80 et 90, ces deux-là ne se quittent pourtant pas d'une semelle. Surtout depuis qu'Arnaud a eu ce terrible accident de voiture, en septembre 1981, qui a failli lui coûter la vie. Un traumatisme crânien, de multiples fractures aux jambes, une hémorragie interne et la rate éclatée, Arnaud est resté plongé dans le coma plusieurs jours. Jean-Luc a soudain vu ses aspirations s'écrouler au moment même où il négociait pied à pied contre la nationalisation de son groupe face à Jean Peyrelevade, le conseiller économique du Premier ministre socialiste Pierre Mauroy. Il a confié son fils aux plus grands professeurs de médecine. Et n'a eu de cesse de remettre sur pied l'héritier. Après les longs mois de rééducation d'Arnaud, à Garches, il l'a obligé à reprendre leurs parties de tennis. Sans jamais cesser de le battre. Il veut aguerrir son garçon. Rien ne doit détourner celui-ci de sa mission : poursuivre, à la tête de ce groupe, l'œuvre que le père a bâtie.

À l'université de Paris-Dauphine, Alain Cotta, qui dirige le DEA de stratégie des organisations dans lequel s'est inscrit Arnaud, a bien deviné les doutes de son élève. *« Je ne veux pas faire ça ! Diriger le groupe. Prendre la succession...* », lui a confié un jour le jeune homme. Le professeur a donc tenté de jouer les ambassadeurs auprès du père, avant de comprendre la vanité de son entreprise : un Lagardère, qui plus est fils unique, ne refuse pas l'héritage.

Arnaud évolue comme un satellite tournant autour de Jean-Luc. Comment pourrait-il échapper aux lois de l'attraction de cette planète si brillante ? Lorsque le jeune homme rencontre Manuela Erdödy, une jolie blonde, sportive et réservée, passionnée par la médecine alternative et les préceptes du psychothérapeute allemand Bert Hellinger sur la résolution des conflits familiaux, le couple vit pendant deux ans chez Lagardère père et sa nouvelle épouse, Elisabeth Pimenta Lucas, une Brésilienne extravertie, ancien mannequin pour Ungaro. Ils habitent tous dans l'hôtel particulier de la rue Barbet-de-Jouy, au cœur du VIIe arrondissement de Paris, celui-là même que rachètera plus tard un autre grand patron, Bernard Arnault.

Jean-Luc n'est jamais là. Elisabeth, que tout le monde appelle « Bethy », n'apprécie guère son beau-fils qui le lui rend bien. Quand le couple reçoit, Arnaud s'arrange pour ne pas être dans les parages. Ce fils, si soumis aux désirs de son père, ose pourtant donner quelques coups dans sa cage dorée. Lorsque les jeunes gens se marient, en 1992, ils ne convient pas leurs parents respectifs. Peut-être craignaient-ils que Jean-Luc, comme à son habitude, invite tout le comité exécutif de Lagardère et une bonne partie du CAC 40...

Le couple part quatre ans aux États-Unis, une parenthèse enchantée. Arnaud s'y occupe de l'éditeur Grolier, une filiale américaine du groupe Lagardère. À Greenwich, dans le Connecticut, où il s'est installé avec femme et enfants, personne ne sait qui il est. Cet anonymat lui convient parfaitement. Il parle couramment l'anglais, raffole de la vie facile et des relations superficielles entre expatriés. *« Je suis en train de me révéler »*, confie-t-il au journaliste Vincent Nouzille, qui écrit alors une biographie de son père (*L'Acrobate. Jean-Luc Lagardère ou les armes du pouvoir*, Seuil, 1998), avant d'ajouter bizarrement : *« pour le meilleur ou pour le pire, je ne sais pas encore »*. Pourtant, quand son père lui demande de revenir en France, il n'ose pas dire non, alors qu'il rêve de rester en Amérique. C'est à ce moment-là qu'Arnaud a cessé de dire « papa ». *« Il s'émancipe »*, croient les optimistes du groupe. En vérité, il s'est plié au désir de ce père dévorant.

Être le fils de Jean-Luc a des avantages. Arnaud, qui n'a jamais pris un avion de ligne, a été très tôt habitué à un train de vie follement dispendieux. À Noël, il s'installe au Byblos, un palace de Courchevel (Savoie), la station de ski chic où la famille possède pourtant un vaste appartement. Il fait ensuite envoyer les factures astronomiques à son père. *« J'espère au moins qu'il a passé de bonnes vacances »*, soupire Jean-Luc en les épluchant devant témoins. Tout le groupe connaît ainsi, par les indiscrétions de bureau, les dépenses du fiston.

Quand Jean-Luc demande à son ami Daniel Filipacchi ce qu'il pense de son garçon, le patron de *Paris Match* lui répond d'une formule qui résume leurs incertitudes : « *Je te le dirai quand tu seras mort.* » Lorsqu'on l'interroge sur l'éventualité de prendre la succession à la tête de ce groupe qui porte aussi son nom, Arnaud répond pour sa part : « *Plus longtemps mon père sera présent, mieux je me porterai.* »

Le 14 mars 2003, Jean-Luc Lagardère meurt brutalement, après une opération bénigne de la hanche à la Clinique du sport. Il voulait regagner quelques centimètres d'allonge, pour continuer à briller au tennis. L'avant-veille de son décès, il plaisantait encore avec Bernard Arnault, l'un de ses partenaires favoris, au sujet de leurs prochains matchs. Rentré chez lui en pleine forme, il est retrouvé par son épouse dans le coma, au seuil de sa chambre à coucher. « *Encéphalite aiguë auto-immune, un cas rarissime* », a diagnostiqué l'hôpital Lariboisière, où le grand patron a été transporté en urgence. Fonctions cérébrales détruites en quelques heures. Jamais il ne s'est réveillé.

Autant dire que la disparition du patriarche est un choc. Cela fait déjà dix-huit ans qu'Arnaud travaille dans le groupe. Cependant, à presque 42 ans, on l'appelle toujours « Junior » et les barons de son père, une armada de polytechniciens, de normaliens et d'énarques, ne se sont pas encore faits à l'idée de laisser la place à cet héritier qui a péniblement décroché une maîtrise de politique générale et stratégie des organisations en se rendant à la fac en voiture avec chauffeur pour y suivre les cours du soir.

Arnaud Lagardère aurait-il osé s'imposer si Nicolas Sarkozy, un ami de la famille, ne l'avait pas poussé à prendre le pouvoir ? Le 19 mars 2003, le comité exécutif du groupe se retrouve au rez-de-chaussée du siège, rue de Presbourg, d'où l'on voit l'Arc de Triomphe, à deux pas. Jean-Luc est mort cinq jours plus tôt. Les obsèques n'ont pas encore eu lieu. Autour de Lagardère « Junior », une dizaine d'hommes en noir, hauts cadres de l'entreprise et une seule femme, l'ancienne ministre socialiste, Frédérique Bredin. Arnaud, 42 ans, s'est assis à la place de son père. Le secrétaire général du groupe, Pierre Leroy, lui a révélé quelques jours plus tôt que Jean-Luc avait laissé dans son coffre deux lettres à ouvrir en cas de décès. L'une fixe les dispositions à prendre afin d'assurer « le même train de vie » à sa femme Bethy. Il décachette l'autre devant le « comex » abasourdi.

Jean-Luc Lagardère n'a jamais vraiment cru qu'il puisse mourir, mais il a tout de même réglé sur une page, dès juillet 1995, les modalités de la gouvernance de son entreprise, dans l'hypothèse où il disparaîtrait. Le nom d'Arnaud arrive immédiatement dans ce testament, comme si le grand patron n'avait jamais envisagé de succession autre que dynastique. Il a cependant désigné comme cogérants Philippe Camus, normalien, agrégé de sciences physiques, coprésident exécutif d'EADS et grand connaisseur des arcanes financiers du groupe Lagardère, et... son plus grand rival, le polytechnicien Noël Forgeard, PDG d'Airbus. Encadrer d'emblée l'héritier par ces deux ennemis irréductibles, c'est le paralyser. « *Je vais réfléchir,* lâche Arnaud en levant la séance. *Je vous en reparlerai.* »

Les obsèques ont lieu le lendemain à l'église Saint-François-Xavier, entre les Invalides et Montparnasse. Deux mille invités, un aréopage de ministres, de grands patrons et de célébrités, des chœurs splendides, comment mieux dire qu'on enterre une personnalité d'exception ? Un tapis brodé de fleurs a été disposé sur le cercueil, comme lors des obsèques de Gianni Agnelli, mort deux mois plus tôt. « *Cela a de la gueule* », avait trouvé Jean-Luc, en assistant à la messe en l'honneur de l'ancien patron emblématique de Fiat. Bethy, sa veuve, a souhaité une cérémonie fastueuse, digne d'une légende nationale. Évidemment, tous les cadres du groupe observent le visage impassible d'Arnaud Lagardère. Sa mère, Corinne, a été reléguée au fond de l'église, avec ses enfants…

Coaché par Nicolas Sarkozy, l'héritier refuse quelques jours plus tard la « tutelle » imaginée par son père. Des années auparavant, Philippe Camus l'a formé, il veut bien le garder à ses côtés. En revanche, il annonce à Noël Forgeard qu'il ne sera pas cogérant. « *J'ai respecté l'esprit et pas la lettre du testament laissé par mon père* », dira-t-il plus tard. Sa belle-mère Bethy s'est installée rue de Presbourg, dans le bureau de Jean-Luc, comme si elle voulait vivre au milieu de ses souvenirs. Il passe avec elle un accord financier et, après de nombreuses tensions et tractations, lui laisse l'hôtel particulier de la rue Barbet-de-Jouy, obtenant bientôt qu'elle disparaisse de son horizon.

Cette façon de s'imposer sans trembler à la tête du groupe fait un temps illusion. Son aisance à l'oral, ses facultés à communiquer séduisent. « *Il évoquait avec beaucoup d'enthousiasme un avenir fabuleux pour le groupe,* se souvient l'une des grandes voix d'Europe 1, cette radio adorée de son père qu'il soigne à son tour, avec attention. *On se retrouvait à deux cents à l'hôtel Normandy, à Deauville, avec les équipes du* Elle Amérique *qu'il avait fait venir des États-Unis en avion. Le champagne coulait à flots, et Nicolas Sarkozy ou le grand manitou de la pub Maurice Lévy, patron de Publicis, arrivaient en guest-stars...* »

Qu'est-ce qui l'a fait, à un moment, traverser le miroir ? Son investissement dans le sport, aussi énorme que hasardeux (1 milliard d'euros de pertes entre 2006 et 2019), déroute les marchés. Mais c'est surtout la manière d'être du PDG qui désarçonne. Personne ne comprend la personnalité d'Arnaud Lagardère. Il paraît insaisissable, toujours joyeux et sympathique, intelligent, jurent ceux qui le côtoient, mais aussi manipulateur et indifférent aux autres. Comme pour trouver une explication rationnelle à ses comportements erratiques, on lui prête une double vie. Il suffit qu'il suive tous les matchs du tennisman Richard Gasquet, puis paraisse en pantalon de cuir à une assemblée générale pour que la rumeur le dise homosexuel. Il vient la démentir, en direct sur Canal+, un soir de 2009. « *Je n'ai jamais couché avec Richard* », jure-t-il un sourire jusqu'aux oreilles en ajoutant deux ou trois allusions égrillardes. A-t-on jamais vu un patron venir ainsi se ridiculiser sur un plateau de télévision ?

Arnaud fait tousser le monde des affaires, il s'en moque. Comme un pied de nez, il continue à choquer le bourgeois en apparaissant deux ans plus tard, dans un documentaire belge, aux côtés de sa nouvelle compagne, Jade Foret. Son père avait Bethy, une femme qui le dépassait d'une tête, il en trouve une plus grande encore et annonce son mariage avec ce mannequin « lingerie ». Derrière Jade paraît à l'écran, omniprésente, la mère de la jeune femme, Maïté, laquelle, sans gêne aucune, appelle le grand patron « mon petit Nono » et multiplie les allusions gênantes sur sa virilité.

Cette belle-mère peu discrète semble avoir saisi la faille affective qu'a laissée chez son futur gendre une enfance solitaire. *« Jade, c'est une famille, pas une personne seule »*, clame-t-elle en se défendant d'être la *« mère maquerelle »* de sa fille. Les employés du groupe sont atterrés devant tant de vulgarité. Arnaud Lagardère, lui, jure qu'il se *« contrefout »* du qu'en-dira-t-on. *« Je suis le vilain petit canard, je ne suis pas de l'establishment »*, lâche-t-il devant nous. Cet homme exagérément volubile, toujours prêt à taper sur l'épaule de ses interlocuteurs en leur donnant du *« mon pote »*, n'a pratiquement pas d'amis, ne déjeune jamais en ville, ne fréquente pas Le Siècle ou les autres clubs de la nomenklatura française, paraît ne respecter ni les conventions bourgeoises ni celles du monde des affaires. Alors que son père, Jean-Luc, pouvait sombrer dans le désespoir pour une couverture du *Nouvel Observateur* où il s'était trouvé ridicule arborant un chapeau haut de forme lors d'un week-end de courses à l'hippodrome anglais d'Ascot, Arnaud, lui, se flatte de se moquer de son image.

Le reportage avec Jade sonne comme une première alerte. Ce n'est qu'un début. Non seulement il accumule les mauvaises décisions pour le groupe, dont il réduit la voilure en lâchant EADS en 2013, mais il commence à afficher de plus en plus ouvertement sa désinvolture. Son père le négligeait, ne faisant que travailler ? Il fait tout le contraire. Il déserte les rendez-vous d'affaires, mais assiste aux réunions de parents d'élèves de l'école bilingue de ses trois petits derniers, deux filles et un garçon. *« Le "papa je t'aime" d'une fille, cela m'a fait beaucoup de bien »*, dit-il aujourd'hui, en soulignant : *« Elles sont fascinées par leur père »*, comme s'il n'avait jamais brillé dans un regard, auparavant.

Arnaud n'a pas les hiérarchies d'un patron. Il pose parmi la montagne de peluches de ses enfants, mais lorsque Vladimir Poutine l'invite à Moscou en 2008 pour célébrer un accord, il ne répond même pas, comme s'il avait mieux à faire. Trois ans plus tard, il vend au groupe américain Hearst toute l'activité presse magazine à l'international. Un « deal » à 651 millions d'euros qui concerne 101 titres. Le Français ne daigne même pas rencontrer le patron de Hearst. Parfois, les hauts cadres du groupe ne parviennent pas à le joindre pendant des semaines. Il est en famille dans les Hamptons, près de New York, à Marbella ou aux Maldives, pour des vacances de luxe.

Quand il est nécessaire de faire avancer un dossier, le directeur financier du groupe, Dominique d'Hinnin, a trouvé une technique. Il lui envoie un message : *« Si tu ne me réponds pas dans les dix jours, je considérerai que tu es d'accord pour que je prenne cette décision. »* Pour être aux côtés de sa femme le jour de son anniversaire, Arnaud Lagardère est capable de sécher au dernier moment un important séminaire des cadres dirigeants, à Rome, sans se soucier que ces derniers découvrent, sur le compte Instagram de Jade, le couple au milieu d'une multitude de ballons roses.

Le groupe déborde de super-diplômés, cracks des maths ou amoureux de la littérature. Arnaud, lui, affecte de mépriser les savoirs académiques. Lorsqu'il rencontre Arnaud Nourry, le talentueux PDG d'Hachette Livre – Lagardère Publishing – il s'intéresse à peine aux grands auteurs mais réclame qu'on lui donne les derniers thrillers américains à la mode. Bien sûr, il a aussi imposé que l'on publie son épouse, désormais lancée dans la bande dessinée en créant un personnage sexy à son image, une sorte de Lara Croft du nom d'Amber Blake.

Jean-Luc adorait parader aux courses. Avec Jade, Arnaud semble s'amuser à jouer à la roulette russe. Sa conseillère, la communicante Anne Méaux, lui a fermement demandé d'exhorter sa jeune épouse à calmer sa frénésie sur Instagram, où elle pose chaque jour dans d'affriolantes tenues. Mais cela amuse Arnaud de la voir faire sensation en descendant en minijupe tout l'amphithéâtre d'une assemblée générale de petits actionnaires, pendant son discours. Mesure-t-il seulement qu'en exhibant sa vie privée loufoque, il montre en même temps son désintérêt pour la santé de l'entreprise ? *« C'est la preuve qu'il est seul et sans ami,* assure un avocat d'affaires, *car un ami lui dirait : "Écoute Coco, tu ne peux pas faire ça..." »*

Les employés du groupe ne sont pas au bout de leurs surprises. Qui le sait ? Jade n'a pas seulement épousé l'héritier Lagardère avant de lui donner deux filles et un garçon. Sa petite sœur, Cassandra, a eu un enfant avec... Alexandre, le fils aîné d'Arnaud, dans un troublant chassé-croisé générationnel. De sorte que ce dernier est à la fois oncle et grand-père, beau-frère et beau-père, doublement lié à la famille Foret. *« C'est vrai, on a fait fort »*, s'amuse-t-il en nous racontant leur confinement, tous ensemble, dans sa vaste maison de Rambouillet, dans les Yvelines.

A-t-il seulement conscience que ses salariés, comme le monde des affaires, suivent désormais avec fascination et effarement le compte Instagram de son épouse ? Jade en maillot de bain bikini sur une plage de rêve, Jade dans un avion privé en partance pour Malte, Jade dans des hôtels de luxe... Arnaud figure très rarement sur les photos, mais il poste de temps à autre des messages sur son propre compte, souhaitant une *« bonne fête à la maman de Liva, Mila et Nolan »*, agrémentés de petits cœurs comme ceux d'un adolescent. L'effet, bien sûr, est désastreux.

Tout à sa vie personnelle, Arnaud Lagardère a

laissé trois de ses hommes diriger à sa place : le directeur de la communication et des relations humaines, Thierry Funck-Brentano, le secrétaire général du groupe et l'un de ses plus anciens lieutenants, Pierre Leroy, et le porte-parole, directeur des relations extérieures, Ramzi Khiroun, qui fut le collaborateur de Dominique Strauss-Kahn. De son côté, il prend deux mois de vacances l'été, donne rendez-vous à dix heures pour des petits déjeuners d'affaires qui s'éternisent jusqu'à midi, comme s'il ne travaillait pas. Hédoniste et secret, *« c'est une intelligence sans caractère »*, regrette l'un de ses proches.

Maintenant qu'il a cédé le pouvoir en abandonnant la commandite en 2021, ce statut qui protégeait le groupe d'attaques extérieures, l'héritier sait qu'il peut être écarté à tout instant. Il n'a pourtant pas perdu sa sérénité apparente ni reconsidéré son train de vie. Depuis près de dix ans, il est virtuellement en faillite personnelle. Chaque fois qu'il vend des actifs, il n'en touche qu'un tout petit pourcentage. Avant l'épidémie de Covid-19, il percevait autour de 12 millions d'euros par an au titre de la commandite et en pourcentage des résultats. Depuis les différents confinements et l'effondrement du « retail », ces Relay, boutiques de gares et d'aéroports, atouts-phares du groupe, les résultats sont devenus négatifs et les revenus annuels d'Arnaud Lagardère ont chuté à 2 millions. Une misère pour ce flambeur invétéré. C'est cette chute de ses rentes personnelles qui l'a conduit, en 2020, à aller se réfugier dans le giron de Vincent Bolloré puis à appeler au secours Bernard Arnault, un vieil ami de son père. En faisant venir l'un sans prévenir l'autre, il a réussi le tour de force de fâcher tout le monde. *« On peut ne pas respecter les règles du club si on est riche et "successful"*, note un banquier en vue. *On peut aussi faire faillite si on respecte les règles du club. Mais faire faillite et ne pas respecter les règles du club, ça, on ne vous le pardonne pas. »*

Le groupe, si prospère du temps de son père, a été largement démantelé, ses avoirs financiers ont dégringolé, les milieux d'affaires le méprisent ? « Et alors ? », semble dire l'héritier devant ce champ de ruines. *« J'ai trente ans devant moi »*, avait-il proclamé en prenant la succession de son père. Puis, dix ans plus tard : *« Il ne sera jamais question de vendre le groupe ! »* Désormais, il n'en reste pas grand-chose. *« Il y a, au fond de moi, une angoisse que j'ai appris à dissimuler*, reconnaît-il enfin, dans un rare moment d'abandon. *Mon père aussi était comme ça. Jamais il ne montrait la moindre angoisse. »* Puis il confesse, de sa voix d'enfant : *« Il y a des nuits, pourtant, où je ne dors pas »*, sans effacer de son visage son impeccable sourire.

3.

Les Arnault, la fabrique des héritiers

Tous les mois, ils se retrouvent à six autour de la table, dans un des salons du neuvième et dernier étage du 22, avenue Montaigne, siège de LVMH. Les cinq enfants issus de deux mariages – Delphine, Antoine, Alexandre, Frédéric et Jean – y entourent leur père, Bernard Arnault. Ils se ressemblent tant : grands, longilignes, le front haut, les yeux clairs, tous d'une parfaite politesse, avec cette allure impeccable composée grâce aux marques du groupe – Dior, Vuitton, Berluti, etc. – qui leur donnent toujours un peu l'air de sortir du pressing.

Ces six-là se parlent plusieurs fois par jour. La plupart habitent à côté les uns des autres, dans les quartiers chics de Paris. Ils se croisent régulièrement dans les défilés de mode, et il y a toujours l'un des frères, ou leur sœur, pour accompagner le père, propriétaire et PDG du numéro un mondial de l'industrie du luxe, dans sa tournée hebdomadaire des boutiques de l'avenue Montaigne, au Bon Marché ou à la Samaritaine rénovée. *« Mon père m'emmenait à ses rendez-vous d'affaires ce qui fait que j'ai toujours eu en tête d'être chef d'entreprise,* nous explique Bernard Arnault. *J'ai fait la même chose avec mes enfants. Je les ai intéressés au groupe, aux produits, aux dirigeants dès leur plus jeune âge.* » La réunion mensuelle au siège est cependant d'un genre particulier. Elle tient à la fois du déjeuner de famille, du conseil d'administration resserré et, par-dessus tout, d'un cours de haut vol sur la pratique des affaires.

Antoine, 45 ans, l'aîné des garçons, au regard velouté et à la barbe de trois jours, soucieux d'humaniser l'image du clan, ne présente pas tout à fait les choses comme cela, bien sûr. *« C'est une occasion de se retrouver et de se parler de nos vies... »*, minimise-t-il. Son père rectifie pourtant sans fard : *« Ne nous racontons pas d'histoires, on parle surtout des enjeux du groupe. »* C'est lui, du reste, qui dresse chaque mois sur son iPad, avec son habituelle rigueur glaçante, l'ordre du jour de ce déjeuner. Le repas, forcément diététique, ne doit pas durer plus d'une heure trente. La nomination d'un créateur, l'ouverture d'une boutique, le rachat d'une marque... Le patriarche soumet tout au jugement de ses enfants, distribuant la parole à chacun.

« Ne vous y trompez pas, précise Jean, le benjamin, qui finit à peine ses études, *à la fin, c'est toujours lui qui tranche. »* Les cinq héritiers se font les dents devant leur père, comme de jeunes lions apprendraient à chasser devant le roi du clan, avant qu'un jour celui-ci décide lequel prendra sa place. Alexandre, ce « numéro trois » qui a du mal à masquer son appétit de conquête, résume

en une phrase ce drôle de mélange entre liens du sang et business : *« Il est notre père, bien sûr, mais aussi notre patron. »*

Rares sont les visiteurs admis à entrer dans le bureau de Bernard Arnault, vaste pièce décorée d'œuvres d'art et de photos de famille, d'un skateboard monogrammé Louis Vuitton et d'enceintes Devialet dernier cri, marque du groupe. Seuls les initiés pénètrent dans le salon adjacent, où trône le piano à queue sur lequel le patron se délasse en jouant une sonate. Ou dans cette salle à manger où se dessine chaque mois, lors du déjeuner familial, l'enjeu le plus important à ses yeux : celui de sa succession.

Bernard Arnault y pense depuis longtemps. Non pas qu'à 73 ans, il s'imagine partir. Le 21 avril 2022, il a même fait voter par les actionnaires de LVMH réunis en assemblée générale une modification des statuts lui permettant de rester directeur général jusqu'à 80 ans. On n'est jamais mieux servi que par soi-même… « L'après » est un sujet tabou sur lequel ses enfants se récrient dès qu'on l'évoque – *« Il n'est pas question qu'il s'arrête ! »* – et que ses cadres n'abordent qu'en faisant jurer la plus stricte confidentialité. Rien qu'à voir son allure de grand squale qui semble glisser silencieusement jusqu'à vous, on sent qu'il n'a rien perdu de sa voracité pour les affaires. *« Mon père est une machine de guerre »*, résume son fils Antoine avec cette admiration qu'affichent unanimement les cinq enfants.

Levé chaque matin à 6 h 30, Bernard Arnault, à la tête de sa fortune de 149 milliards d'euros, continue à regarder scrupuleusement tous les dossiers, à inspecter chaque magasin, à enchaîner les voyages en Asie, en Russie ou aux États-Unis. C'est lui qui négocie avec les maires l'implantation d'une usine, lui qui plaide auprès des ministres ou plus directement des présidents – de Jacques Chirac à Emmanuel Macron – contre l'impôt sur la fortune ou une nouvelle taxation des droits de succession des entreprises. Aucun lancement de produit ne lui échappe. Lorsqu'il faut décider la création d'un nouveau sac pour Louis Vuitton, il rejoint toujours sa fille, Delphine, directrice générale de la maison, et regarde avec elle l'ensemble des prototypes disposés sur une table, avant de trancher. *« Pendant le premier confinement, il était quasiment seul à venir au siège de LVMH »*, témoigne l'un de ses collaborateurs.

Mais l'homme est rationnel. Il peut bien rêver d'immortalité, s'imaginer vivre jusqu'à 110 ans comme il le répète régulièrement à ses interlocuteurs, repousser la maladie et la mort par une discipline de fer – tennis chaque semaine, régime alimentaire draconien, check-up régulier –, il sait que les entreprises les plus performantes peuvent mourir en passant entre les mains d'héritiers incompétents ou mal formés. Comme pour beaucoup de patrons de sa génération, la mort soudaine de Jean-Luc Lagardère a sonné comme une alerte. Le fondateur de LVMH était alors venu visiter son partenaire favori au tennis, à la Clinique du sport où celui-ci venait de subir une banale opération. Lagardère l'avait raccompagné jusqu'à l'ascenseur. Deux jours plus tard, celui que Bernard Arnault qualifie toujours de

« meilleur ami » avait sombré dans le coma, laissant son fils se débattre avec une succession pas préparée. Lui ne veut pas être pris au dépourvu.

Ce qui frappe, lorsque l'on plonge au cœur de cette famille issue de la bourgeoisie industrielle de Roubaix, c'est combien l'éducation et le savoir vont de pair avec l'argent. Le fait de naître Arnault ne vous assure pas seulement d'hériter au berceau d'une part de la première fortune de France. C'est aussi avoir la chance de recevoir une formation d'exception.

Précisons-le d'emblée : la plupart des grands patrons s'occupent assez peu de leurs enfants, déléguant généralement cette tâche à leur épouse. Au mieux, ils financent sans limites cours particuliers, écoles privées et voyages à l'étranger. Au pire, ils compensent leur absence en ensevelissant leur progéniture sous des cadeaux princiers et un argent de poche de ministre. Bernard Arnault fait figure d'exception. C'est un polytechnicien qui, comme une bonne partie de l'élite française, a gardé la religion des classes préparatoires et des grandes écoles. Mais, bien au-delà, la façon dont il a veillé à l'instruction de sa progéniture signe sa précoce préoccupation dynastique. *« Bernard Arnault ne fait que travailler sans réellement profiter de la vie. Il aime la musique sans aller au concert, voyage rarement pour son propre plaisir,* remarque en souriant le banquier Philippe Villin, qui le connaît depuis de nombreuses années. *Je ne suis pas sûr qu'il ait des amis. Mais je suis certain, en revanche, qu'il a une famille, qu'il adore ses enfants et fait tout pour eux. »*

L'éducation que l'on donne à ses descendants est souvent une forme de reproduction de celle que l'on a soi-même reçue. Le patron de LVMH ne déroge pas à la règle. Fils d'un ingénieur centralien, petit-fils d'un entrepreneur d'une société de travaux publics, il se souvient parfaitement de son enfance, baignée par les études et l'entreprise. *« J'avais 7 ans et mon grand-père m'emmenait, le jeudi, dans sa 203, visiter les chantiers, tout en surveillant assidûment mes devoirs,* se souvient-il. *Quand mon père a pris sa suite, il a continué à faire de même. »* À la mort d'Étienne Savinel, son grand-père maternel, le jeune Bernard glisse dans le cercueil quelques-uns de ses bulletins de notes en guise d'hommage.

Avec ses propres enfants, il n'a rien laissé au hasard. Dès leur plus jeune âge, leurs fréquentations sont contrôlées de près. Pour les anniversaires, les invités sont triés sur le volet et les parents sont priés de déposer et de revenir chercher leurs bambins à une heure précise afin qu'ils ne se croisent pas entre eux, discrétion oblige. Peu de place à l'improvisation pour cette progéniture qui grandit à l'ombre de gardes du corps chargés de veiller à leur sécurité. Pas question non plus d'en faire des « fils à papa », des gosses de riches, capricieux et flambeurs. Chez les Arnault, malgré les milliards, les demeures et les vacances de rêve, on apprend à compter et l'argent de poche est limité. À l'âge des premières sorties, l'usage des cartes de crédit est plafonné par les parents. *« Nous devions ramener à la maison dix 20/20 de suite pour avoir droit à la dernière console de jeux,* raconte Alexandre, l'aîné issu du second mariage de Bernard Arnault. *Plus tard, quand j'allais dîner avec des amis, il fallait que je rapporte l'addition afin qu'il vérifie que j'avais été raisonnable.* »

« *Il n'était pas envisageable pour notre père d'avoir des enfants jet-setteurs* », confirme son aîné Antoine. « *Il y a un côté auvergnat chez moi, concède le grand patron. Je fais attention à ne pas dépenser bêtement.* »

Dans cette famille où chacun est prié de se mettre au piano et de pratiquer plusieurs sports dès l'enfance, accomplir d'excellentes études n'est évidemment pas une option. Pour ses enfants, Bernard Arnault, catholique revendiqué, a choisi des écoles religieuses d'élite, Stanislas ou Franklin, connues pour leur rigueur. Pendant des années, le père rentre chez lui vers 18 heures pour donner des cours de maths à chacun. L'aîné des garçons, Antoine, plus littéraire, plus décontracté aussi, se revoit encore, trimant sous la férule de son père pour résoudre d'absconses équations. « *J'étais en cinquième. J'allais à son bureau, avenue Hoche. Il me donnait des exercices avant de partir en réunion et on corrigeait à son retour...* »

Gare aux paresseux, aux distraits, aux rêveurs. En février 2021, Alexandre, le troisième du clan, un géant au sourire mi-hâbleur, mi-carnassier, a publié sur son compte Instagram la première carte postale qu'il ait reçue, en 1992. Elle est signée Antoine, 14 ans à l'époque. Ce dernier y saluait ainsi l'arrivée au monde de son petit frère : « *Cher Alexandre, j'espère que ta naissance s'est bien passée et que tu vas bien. Je te conseille de commencer tout de suite à travailler, car sinon...* » Il a fallu des années pour que le père reconnaisse à son fils aîné, meilleur joueur de poker que bon élève, d'autres talents. « *Pour lui, il n'y a que Polytechnique qui compte,* sourit Antoine, *et moi j'ai très vite compris que je n'étais pas fait pour ça. Je lui disais : "Tu ne dois pas essayer de me sculpter à ton image." Il a mis beaucoup de temps à considérer qu'être tourné vers les relations humaines pouvait avoir une utilité.* »

Mais tout de même, Polytechnique… L'admiration de Bernard Arnault pour l'« X » est si fervente que ceux qui parient sur l'un ou l'autre des enfants pour succéder au père établissent d'abord leurs pronostics sur ce critère : lequel a fait la grande école adulée par papa ? Ni Delphine, pourtant diplômée de l'Edhec Business School, à Lille, puis de la London School of Economics. Ni Antoine, qui, pour rassurer son père, a complété ses années à HEC Montréal d'un diplôme à l'Institut européen d'administration des affaires (Insead). Viennent ensuite Alexandre et Frédéric. « *Vous verrez, la bataille se passera entre eux* », assurent ces « experts » prêts à décrypter chaque micro-mouvement au sein de la fratrie, comme autrefois les kremlinologues analysaient la moindre nomination au sein des soviets.

Bernard Arnault a suivi les classes préparatoires de ses cadets comme un éleveur veille sur les entraînements de ses chevaux de course. « *Je les ai beaucoup poussés à faire des prépas,* reconnaît-il. *C'était un travail de persuasion quotidien car cela demande une certaine abnégation. Mais cette formation donne le sens du dépassement de soi et le goût de l'effort qui sont très importants pour la suite. Aujourd'hui d'ailleurs, mes fils me remercient.* » Alexandre passe le premier les concours. Père et fils potassent celui des Mines ensemble, l'un se replongeant pour l'autre dans la géométrie et la lemniscate de Bernoulli… Le garçon réussit les Télécoms et rate l'entrée à Polytechnique. Pour faire oublier cet échec, il suivra plus tard un master au sein de la prestigieuse école militaire.

Vient ensuite Frédéric, 27 ans, dont la timidité lui fait facilement monter le rouge aux joues. Le quatrième des rejetons, unanimement décrit comme « très sympathique », est un de ces garçons doués en tout, classé au tennis, pianiste quasi professionnel, et aussi un super-crack dans les matières scientifiques. Autant dire qu'il a survolé ses classes prépa, remportant tous les concours. « *J'ai été élevé dans le culte du travail scolaire, de la musique et du sport,* admet-il. *Mes parents étaient très présents et mon père rentrait souvent déjeuner à midi. Il y a eu une saine pression pour que je réussisse.* »

Il faut entendre Bernard Arnault raconter l'oral de mathématiques de son fils, au concours de Normale-Sup. Le grand patron s'était déplacé en personne, rue d'Ulm. On imagine l'émoi des examinateurs en reconnaissant le milliardaire au milieu de l'amphi… Mais c'est lui, le père, qui paraît encore secoué au souvenir de cette épreuve, racontée avec émotion : « *Dès l'énoncé, j'ai été très inquiet. Il portait sur des matrices différentielles et, moi-même, je n'y comprenais rien… Surtout, Frédéric se tenait debout, silencieux, et il a passé dix bonnes minutes comme cela, à ne rien dire ni rien faire devant le tableau noir…* » Une joie pure éclaire alors le visage d'ordinaire imperturbable : *« Soudain, il s'est mis à couvrir le tableau, à toute vitesse, d'équations. Et il a eu 18 ! »*

Dilemme : en même temps que l'École normale supérieure, le jeune Frédéric a aussi été admis à… Polytechnique. Le patriarche appelle quatre ou cinq de ses proches dont l'influent conseiller Alain Minc pour convaincre son fils de choisir l'X – ce qu'il fera. *« Normale-Sup, c'est magnifique, mais cela prépare à la recherche ou à l'enseignement, pas à la direction d'entreprise… »*, justifie le père. Comment mieux dire ce qu'il attend de ses poulains ?

Jean, enfin. Comme ses deux aînés, Alexandre et Frédéric, il a d'abord suivi sa scolarité à Saint-Louis-de-Gonzague, cette institution jésuite que les initiés appellent « Franklin », en référence au nom de la rue où elle est située, dans le XVIe arrondissement de Paris. Comme Frédéric, Jean y a eu pour professeure de lettres une certaine Brigitte Macron, qui couve avec attention ces descendants aussi fortunés que prestigieux. Le jeune Jean, yeux bleus et longiligne comme ses aînés, a lui aussi sacrifié à la prépa, puis doublé ses études d'ingénierie mécanique à Londres par un master de finances au Massachusetts Institute of Technology, à Boston. Lorsqu'on le rencontre, il rentre juste d'un voyage dans quelques-uns des hôtels de luxe de LVMH. Il ne sait pas encore tout à fait quel département du groupe intégrer, mais il va de soi qu'il y travaillera. Une série de visites d'usines lui ont été organisées pour juillet, et il n'y coupera pas. *« Déjà que mon père pense que je suis au chômage parce que j'ai pris deux semaines de vacances… »*, sourit-il.

À la fin de l'été 2020, âgé d'à peine 23 ans, il a, en toute discrétion, rejoint l'entreprise en tant que directeur du marketing et du développement des montres pour Louis Vuitton.

Bernard Arnault a beau assurer qu'*« il n'y a aucune obligation à entrer dans le groupe »*, ajoutant que si l'un de ses enfants avait souhaité devenir pianiste comme leur mère Hélène il en aurait été *« ravi »*, travailler en dehors de la galaxie LVMH semble inenvisageable. *« C'est un univers de programmation prématurée »*, observe un ancien ministre de l'Économie, mi-admiratif, mi-effrayé. Les cinq enfants occupent donc des postes de haut cadre au sein du géant du luxe même s'ils n'en assument pas toujours la direction exécutive. Car si, dans les magazines et sur les réseaux sociaux, les services de communication du groupe mettent savamment en scène chacun des enfants comme s'ils étaient déjà les dirigeants aux côtés de leur père, ils sont en réalité très encadrés. Michael Burke, Pietro Beccari, Sidney Toledano ou encore Nicolas Bazire, tous les barons de l'empire ont joué, et jouent encore, le rôle de coach et de mentor.

Delphine, 47 ans, directrice générale adjointe de Louis Vuitton, qui cache une timidité maladroite sous une blonde froideur, s'occupe ainsi des créateurs maison quand Michael Burke en est le PDG.

Antoine, directeur général du chausseur de luxe Berluti, veille, lui, sur l'image du groupe avec le directeur des relations extérieures, Jean-Charles Tréhan.

Alexandre, 30 ans, après avoir incité son père à racheter le malletier allemand Rimowa en 2016, s'est d'abord installé à Cologne pour codiriger l'entreprise aux côtés de Dieter Morszeck avant que ce dernier soit écarté pour lui laisser la place. En 2021, son père l'a propulsé à New York pour en faire, à la suite du rachat en 2019 de Tiffany, le numéro deux du prestigieux joaillier américain, aux côtés du PDG Anthony Ledru. Il devrait rentrer à Paris prochainement pour se rapprocher du cœur du réacteur.

Frédéric, enfin, a longtemps fait des allers et retours entre Paris et La Chaux-de-Fonds (37 500 habitants, berceau de l'industrie horlogère suisse), afin de se former chez Tag Heuer, le fabricant de montres de luxe racheté par LVMH, dont il est devenu, à 26 ans, le PDG. Un homme d'expérience l'a accompagné sur ce chemin : Stéphane Bianchi, connu pour avoir auparavant cornaqué Bris Rocher, l'héritier d'un des leaders de la cosmétique en France, Yves Rocher.

C'est peu dire que tout a été mis en place pour former la nouvelle génération des Arnault. *« C'est un peu comme la première chasse à courre du dauphin sous la royauté, l'échec est impossible,* remarque un cadre maison. *Il y a des cavaliers à droite et à gauche, le piqueux et les chiens qui rabattent le cerf vers lui, et pour finir, le dauphin pose pour la postérité avec le tableau de chasse. »*

Bernard Arnault, de son côté, veille à ne pas montrer à tous les aspects les plus brutaux du métier. Il tient notamment à protéger l'image idéalisée qu'a de lui sa fille Delphine, qui entretient à son égard une admiration sans bornes. Il se charge lui-même des affaires délicates (OPA hostile, fiscalité) et prend éventuellement les coups pour ne pas exposer ses enfants. La politique, notamment, reste son domaine. Lorsque Donald Trump était encore président des États-Unis, il a bien laissé Alexandre – connu pour fréquenter Jared Kushner, le gendre de Trump – faire le voyage dans Air Force One pour accompagner le dirigeant américain jusqu'au Texas, où il devait inaugurer une usine à ses côtés. Mais c'est lui, le patriarche, qui parle avec la Maison-Blanche. Lui, encore, qui a poussé le ministre des Affaires étrangères, Jean-Yves Le Drian, à sortir de son rôle pour signer une lettre visant à différer le rachat de Tiffany, devenue trop chère après l'explosion mondiale de l'épidémie de Covid-19.

Sur le plan patrimonial, tout est en ordre : 75 % de LVMH a déjà été transmis en nue-propriété aux cinq enfants, ainsi qu'à leurs deux cousins, les enfants de la sœur décédée Dominique. À Noël 2017, Bernard Arnault leur a ainsi donné à chacun plus de 73 millions d'euros en actions. Il garde 25 % des parts de la holding et l'usufruit de la totalité. Sa priorité : la pérennité et l'unité du groupe familial. Il n'entend pas diviser la direction de son empire entre ses enfants, comme le fit Charlemagne entre ses trois fils. « *Cela n'aurait pas de sens, tant le groupe est un agencement de sociétés,* souligne l'un des barons de LVMH. *Le chic de Dior compense le clinquant de Vuitton ; Dom Pérignon est le champagne des riches, Ruinart celui des snobs, Mercier celui des supermarchés. C'est un puzzle entièrement conçu sur des complémentarités.* »

Le patron a-t-il choisi lequel de ses enfants le remplacera plus tard au poste de PDG ? « *Les chevaux viennent tout juste de prendre le départ, le vainqueur se distinguera dans les prochaines années* », assurent les cadres du groupe, qui observent déjà Alexandre se pousser du col, Frédéric se déployer, Delphine et Antoine veiller à ce que leurs petits frères ne prennent pas trop d'assurance.

Alexandre, réputé froid et distant avec les employés, dont le compte Instagram met abondamment en scène les voyages fabuleux avec sa jeune épouse, les bijoux Tiffany qu'il lui offre et ses relations hype avec Beyoncé et Jay-Z, Pharrell Williams ou le patron de Snapchat, Evan Spiegel, a semblé prendre une longueur d'avance.

Son mariage fastueux à Venise en septembre 2021 avec la jeune styliste Géraldine Guyot après une cérémonie à Paris et une réception au Cheval Blanc, le restaurant étoilé de la Samaritaine, propriété du groupe, a cependant fait grincer quelques dents jusque dans la famille, où certains estiment qu'il en fait « *un peu trop* ». Une partie des invités comme Omar Sy, Pharrell Williams ou l'artiste JR avaient été acheminés par le mythique *Orient-Express* et régalés par le chef Jean Imbert en cuisine. Sur place, ils ont rejoint d'autres people venus du monde entier pour un cocktail chic avant d'assister au mariage religieux le lendemain à l'église Santa Maria Assunta située près du Rialto, où quelques invités stars comme Jay-Z et Beyoncé avaient été placés au premier rang, reléguant une partie de la famille au second. La messe fut suivie d'un dîner digne d'un mariage princier avec vue sur la lagune, où l'on pouvait apercevoir d'autres personnalités comme le DJ David Guetta, l'héritier de Fiat John Elkann ou le tennisman Roger Federer. Alors que ses frères et sœurs s'astreignent à se faire discrets, l'évident goût du bling et des sunlights d'Alexandre Arnault détonne et dérange. Quelques mois après son mariage l'impatient héritier a connu son premier déboire : le magazine *Forbes* s'est interrogé sur la régularité d'une opération concernant l'achat et la revente d'ours numériques sur le marché des NFT. Une accusation de délit d'initié démentie par son porte-parole, mais qui donne un parfum de souffre à un CV jusque-là impeccable.

Les observateurs de la dynastie Arnault soulignent les qualités de Frédéric qui ferait selon eux un parfait successeur, à la fois brillant et modeste. D'aucuns soulignent aussi qu'il serait bien imprudent de ne pas suivre de près les aînés, notamment Delphine, qui a pris une place particulière en partageant la vie du milliardaire Xavier Niel, père de ses deux enfants, qui fera tout pour défendre au mieux ses intérêts.

Le grand patron, lui, se garde bien de se prononcer sur l'issue de la course. « *La succession de l'un ou de plusieurs de mes enfants se fera en fonction de leurs capacités, de leurs talents et aussi de leurs envies, car il faut bien comprendre que c'est tout de même un sacerdoce* », consent-il seulement à reconnaître. À ses plus hauts cadres, le PDG de LVMH glisse que « *la succession familiale n'est pas automatique* ». Aussi s'applique-t-il régulièrement à leur demander ce qu'ils pensent de chacun de ses héritiers. « *Ils me disent les forces et les faiblesses des uns et des autres et je crois qu'ils me parlent sans détour* », dit-il, comme si une sincérité était possible sur ce sujet si sensible et face à un homme si puissant.

La famille restera-t-elle soudée lorsqu'il s'agira de déterminer la future gouvernance ? Pour avoir maintes fois mené des raids sur des entreprises familiales dont les héritiers se déchiraient, Bernard Arnault n'ignore pas qu'au moment des héritages peuvent ressurgir jalousies, rivalités et rancœurs, ce ferment destructeur des plus belles réussites. Deux mariages, des enfants de deux lits, sont une source potentielle de division supplémentaire. Le père s'est donc très tôt attaché à entretenir la bonne entente au sein du clan. Delphine et Antoine, les enfants qu'il a eus de son union avec Anne Dewavrin, une fille de la bourgeoisie nordiste comme lui, sont la marraine et le parrain de leurs petits frères, issus de son remariage, en 1991, avec la pianiste canadienne Hélène Mercier, un an après son divorce. L'été, tout le monde se retrouve pour une virée sur le yacht familial au large de Saint-Tropez. Chacun est prié de faire taire agacements et griefs. « *La dislocation est impensable et la deuxième génération a la responsabilité de maintenir le groupe* », affirme Antoine Arnault, bien décidé à veiller au grain à défaut d'avoir l'ambition de succéder à son père. « *Bernard Arnault a la connivence du sang,* résume un dirigeant du groupe. *Ses enfants occupent une place colossale pour lui. Il leur demande leur avis, s'arrange pour qu'ils participent aux réunions importantes, veille à ce qu'aucun ne se sente mis de côté.* »

Si le milliardaire a fait entrer au sein de LVMH ses neveux, Ludovic et Stéphanie, enfants de sa sœur Dominique, il a en revanche scrupuleusement veillé à tenir à bonne distance les conjoints de ses héritiers. Le fiasco du fastueux et surmédiatisé mariage, le 24 septembre 2005, de sa fille chérie Delphine avec Alessandro Vallarino Gancia, un riche héritier italien, l'a rendu méfiant. Il l'est d'autant plus que Delphine vit aujourd'hui avec Xavier Niel et qu'Alexandre s'est marié avec Géraldine Guyot, dont le frère Charles a épousé la fille de Martin Bouygues. Antoine, de son côté, s'est uni le 21 septembre 2020 au mannequin russe Natalia Vodianova, que son père lui avait présentée après avoir dîné à Moscou avec la jeune femme, nouvelle égérie du groupe.

Bernard Arnault a regardé l'arrivée de Xavier Niel dans le giron familial d'un œil soupçonneux au point de diligenter une enquête privée sur ce self-made-man sans diplômes condamné par le passé pour proxénétisme aggravé dans le cadre de ses activités dans le Minitel rose. *« Vous ne toucherez jamais à un cheveu de ma fille »*, lui a-t-il lancé un jour droit dans les yeux. Depuis, il a appris à connaître ce gendre hors normes dont il apprécie l'audace entrepreneuriale et le sens des bonnes affaires, mais il reste vigilant. Afin de protéger son sang, le 13 avril 2017, l'homme le plus riche de France a fait discrètement voter en assemblée générale une résolution modifiant l'article 9 des statuts du groupe. Le texte prévoit que *« toute cession d'actions, même entre actionnaires ou à un conjoint actionnaire ou non, est soumise à l'agrément préalable de l'assemblée générale. Est aussi soumis à agrément le transfert d'actions en cas de succession, de liquidation de communauté de biens entre époux.* » Pas question de laisser qui que ce soit d'extérieur à la famille troubler la transmission de l'œuvre d'une vie.

4.

Les Hermès, le ciment de la guerre

Plonger au cœur de la dynastie Hermès, c'est faire l'expérience de l'élégance et du bon goût, le meilleur paravent des secrets de famille. Chaque cousin se présente avec une courtoisie exquise, vous laissant ce petit temps de réflexion qui permet de remonter mentalement le long de son arbre généalogique. En attendant que vous y voyiez plus clair, il vous sera proposé un darjeeling, dans un ravissant service à thé… Le décor ? Un musée, ouvert avec parcimonie à des invités triés sur le volet. Au 24, rue du Faubourg-Saint-Honoré, siège historique de l'entreprise, on peut admirer l'éblouissante collection de l'aïeul Émile Hermès, reconstituée des années durant à coups d'acquisitions aux enchères chez Drouot : une accumulation de malles à serrureries sophistiquées, de selles d'amazones et de trompe-l'œil en papier. Difficile d'imaginer devant tant de merveilles qu'il y a dix ans, cette famille royale du luxe a failli tout perdre sous les coups de boutoir du numéro un du secteur, le patron de LVMH.

Dans cette tribu protestante, même le vocabulaire est choisi avec soin. On ne parle pas de « l'entreprise » mais de « la maison ». On ne dit pas « cher », mais « coûteux ». Un service marketing ? Quelle vulgarité ! Dans les ateliers, les artisans qui taillent et cousent des peaux douces comme des caresses pour en faire des sacs semblent considérés avec la même estime que s'ils étaient patrons. Le week-end, le PDG en titre, Axel Dumas, peut flâner tranquillement en jean et chemise blanche dans les librairies de Saint-Germain-des-Prés sans que personne ne devine qu'il appartient à l'une des plus riches familles françaises : une fortune évaluée à 55 milliards d'euros en 2020, trois cents boutiques à travers le monde, 17 000 salariés et une société affichant un résultat net de 2,445 milliards d'euros en 2021. Une réussite insolente que la pandémie a encore consolidée.

On a donc été un peu désarçonnées lorsqu'un des très bons connaisseurs des héritiers de ce fleuron du raffinement nous a affirmé tout à trac : *« Vous savez, les Hermès, c'est un peu l'Ukraine. Une culture et un magnifique savoir-faire, trois branches dont les liens sont parfois distendus, un tiers d'exilés fiscaux et une fortune qui les classe parmi les Français les plus riches. Et puis soudain, juste au moment de la succession, la guerre. Celle qui menace votre indépendance et ressoude tout le monde autour du pays. »* Et là, les sacs, les foulards et les cravates de soie se sont écartés comme le rideau d'une scène de théâtre éclairant la dynastie, juste avant le séisme qui a failli la déchirer.

Pour comprendre l'ampleur du drame qui a

menacé la famille, il faut remonter un peu en arrière, jusqu'à 2010, l'année de tous les dangers. Hermès a cent soixante-treize ans d'existence, mais pour la première fois, après six générations aux commandes, ce n'est pas un membre de la famille qui dirige. Quatre ans auparavant, Jean-Louis Dumas, le mythique héritier qui, en un quart de siècle, a internationalisé la société et l'a hissée au premier rang de l'artisanat de luxe, a dû céder la place à son fidèle directeur général, Patrick Thomas. « Jean-Louis », comme tout le personnel d'Hermès l'appelle affectueusement, ne pouvait plus cacher les atteintes de la maladie de Parkinson et de la maladie de Charcot qui ont fini par emmurer dans son corps cet homme autrefois si joyeux et charismatique. Le 1er mai 2010, il s'est éteint doucement. Lors de ses obsèques, célébrées au temple de la rue Roquépine à Paris, un orchestre de jazz de La Nouvelle-Orléans accompagne joyeusement le cercueil de ce passionné de musique. Mais du sous-sol au pigeonnier, la maison Hermès tremble : elle n'a pas d'héritier.

Patrick Thomas, en dévoué et loyal régent, s'est pourtant attaché à préparer au mieux un dauphin. C'est lui qui a repéré en 2005, parmi la multitude de cousins des trois branches, les Dumas, les Puech et les Guerrand, le neveu de Jean-Louis, Axel, diplômé en droit, en sciences politiques et en philosophie, qui travaille dans la banque, pour Paribas, à Pékin et à New York. Né en 1970, Axel est encore jeune, mais il a été élevé dès l'enfance dans l'esprit maison par son père, Olivier Dumas, et davantage encore par sa mère, Michèle, directrice générale adjointe d'Hermès – une des rares femmes de la famille à avoir occupé un tel poste –, morte prématurément d'un cancer, à l'âge de 55 ans. Et puis, il appartient à la branche des Dumas, la seule, parmi les trois de la dynastie Hermès, à avoir toujours dirigé.

Toute sa jeunesse, Axel a humé le parfum du cuir et du travail bien fait dans les ateliers et le magasin de la rue du Faubourg-Saint-Honoré, grimpant sur la selle du grand cheval à bascule trônant dans la boutique. Marié à une journaliste de *Libération*, il a conservé de son éducation une liberté d'esprit et un humour pince-sans-rire. Il a l'allure d'un dandy des beaux quartiers, avec sa raie au milieu et ses costumes bleu nuit, mais au fond, c'est une personnalité sans faux-semblants ni vanité. Un atout qui n'a pas échappé au directeur général.

Axel a été quasiment élevé avec le fils de Jean-Louis, Pierre-Alexis, qui a pris la direction artistique de la maison, et les deux cousins *« s'entendent comme deux frères qui s'aiment »*, a de surcroît noté Patrick Thomas. Dès lors, ce dernier s'est attaché à nommer son poulain à tous les postes clés de la maison : la joaillerie en 2006, la maroquinerie en 2008, avant de l'envoyer à Harvard.

Axel n'ignore pas que, même malade, Jean-Louis a résisté presque jusqu'au bout à l'idée qu'on puisse lui succéder. Dès que le nom de son neveu était évoqué, l'oncle balayait : *« Il a tout à apprendre ! »* Puis lorsqu'on insistait : *« On a bien le temps ! »* En 2009, Maurice de Kervénoaël, le membre du conseil de surveillance mandaté pour auditionner la nouvelle génération, a cependant été formel : Axel est le plus compétent, mais aussi le plus consensuel aux yeux des soixante-dix héritiers actionnaires. « *Ce n'est pas Jean-Louis qui m'a désigné, c'est la maison qui a décidé de la succession à sa place* », reconnaît Axel Dumas aujourd'hui.

En cette année 2010 où le pouvoir paraît encore en suspens à la tête d'Hermès, il est toujours en apprentissage à Boston. Il s'y fait un réseau et étoffe ses lectures. Son livre de chevet ? *Seuls les paranoïaques survivent*, signé par l'ancien patron américain d'Intel, Andrew Grove, qui professe que « *tout succès recèle les germes de sa propre destruction* ». La citation idoine pour aborder l'épisode qui va suivre…

Un samedi matin, le 23 octobre, le téléphone sonne chez Bertrand Puech, le représentant de la deuxième branche de la famille qui préside le conseil de surveillance d'Hermès. « *Cher ami, c'est Bernard Arnault. Je m'apprête à déclarer que j'ai acquis 17 % de votre société. Je me réjouis que nous puissions être désormais associés.* » Bernard Arnault ! Bertrand Puech manque de s'étouffer. Au sein de la vénérable maison Hermès, on a toujours traité avec une forme de condescendance ce géant de l'industrie du luxe. « *Nous ne sommes pas de ceux qui impriment leurs logos par dizaines sur des sacs en plastique* », dit-on volontiers rue du Faubourg-Saint-Honoré, comme si les produits siglés Louis Vuitton, fleuron de LVMH, représentaient le comble du mauvais goût.

Depuis plus de vingt-cinq ans qu'il construit patiemment l'extraordinaire succès de son groupe, personne ne connaît mieux la valeur d'Hermès que

Bernard Arnault. Il en est à la fois un admirateur sincère et un rival acharné. Quel rêve ce serait de fondre la plus prestigieuse maison de l'artisanat d'excellence dans l'empire LVMH ! *« Le loup en cachemire »*, c'est ainsi qu'on le surnomme dans le milieu des affaires, dans une allusion transparente à son appétit vorace masqué sous l'allure glacée du polytechnicien. Sa spécialité ? Repérer les mésententes familiales pour mieux s'emparer des entreprises qu'il convoite. Les conditions de la fin de règne de Jean-Louis Dumas ne lui ont pas échappé.

Des complexités de la dynastie, il sait presque tout. En 1993, Hermès est entré en Bourse, mais 74 % du capital est resté entre les mains du clan. Les trois branches de la famille n'y ont pas tout à fait la même part, cependant, et surtout pas la même implication dans la commande des affaires. Les Dumas sont depuis toujours aux manettes et Jean-Louis Dumas avait pris soin d'évincer ses cousins du comité exécutif. Les Puech, deuxième branche la plus importante, dirigent la holding familiale à travers Bertrand Puech, le cousin préféré de Jean-Louis. Ceux-là affichent le même protestantisme sobre où l'on ne parle ni n'étale son argent, mais certains des cousins ont pris la tangente, exilés dans des paradis fiscaux où ils se contentent de toucher leurs dividendes.

Les Guerrand, enfin, passent pour les flambeurs de la famille. Hormis Jérôme Guerrand, le président du conseil de surveillance d'Hermès International, qui se déplace jusqu'au bureau sur une vieille mobylette, les quatre autres cousins Guerrand entendent profiter des bienfaits dont ils ont hérité. Leur train de vie est *« sans commune mesure avec celui des cousins Dumas »*, note dans son livre, *Les Dynasties du luxe*, l'ancien directeur général délégué de Gucci, Yann Kerlau, qui recense les équipages de polo, les appartements somptueux, les propriétés au Portugal et les villas à Marrakech.

Patrick Guerrand, le frère de Jérôme, a bien tenté de prendre de plus amples responsabilités. Ce grand joueur de polo a un grand sens du chic et beaucoup de goût. Mais il ne s'entendait pas avec son cousin Jean-Louis Dumas et les relations ont fini par devenir électriques. Un accord moyennant une compensation financière a finalement été rédigé pour qu'il se retire de la direction générale. Alors que les avocats réunissaient les deux cousins, Patrick avait tenté de plaider une dernière fois sa cause : *« Je t'assure ne m'être jamais senti comme ton concurrent… »* Réponse sèche de Jean-Louis : *« Tu as raison, nous ne boxons pas dans la même catégorie. »* Il a fallu six mois supplémentaires pour que le protocole d'accord soit enfin paraphé…

Comment Bernard Arnault connaît-il tant de détails sur cette famille Hermès qui lui ressemble si peu ? Depuis quelque temps, Bernard Squarcini, l'ancien directeur central du renseignement intérieur, reconverti dans la sécurité privée et en relation avec le bras droit du patron de LVMH Pierre Godé, s'est procuré de précieuses informations sur la situation fiscale de douze héritiers clés du groupe familial. Il a repéré les rentiers à gros besoins, les divorcés condamnés à verser de lourdes pensions alimentaires, les descendants des autres branches qui ont pris leurs distances et se moquent bien de posséder une société dirigée par les Dumas, ceux qui voudraient respirer plus librement hors de la vigilance familiale et de son protestantisme austère. Bref, tous ceux qui pourraient potentiellement être intéressés à vendre.

Bernard Arnault, on l'a vu, est un bourreau de travail. Levé aux aurores chaque matin, il vit, dort, voyage pour son groupe et entend que ses propres enfants fassent de même. Il connaît bien ces héritiers de *« la grande tribu des inutiles »*, comme les qualifie l'un des barons de son groupe, qui s'installent en veste de chasseur et foulard de soie aux premiers rangs des compétitions hippiques et aux tribunes des matchs de polo sans savoir ce que signifie aller au bureau. Pour avoir mené des raids sur d'autres sociétés tombées dans son escarcelle, il sait que ceux-là sont moins attachés à leurs entreprises, aux employés, à la simple idée d'un métier.

« Mercure », l'équivalent romain d'Hermès, le dieu messager du commerce, c'est ainsi qu'a été nommée l'incroyable opération imaginée par LVMH. Son objectif : identifier les « maillons faibles » et miser sur un délitement des liens familiaux afin de racheter le maximum de parts et de modifier ainsi, comme disent les banquiers conseils, « les équilibres structurels » du capital de la société convoitée.

Rue du Faubourg-Saint-Honoré, personne n'a

rien vu venir. En vérité, depuis 2002 Bernard Arnault a commencé à racheter des actions Hermès, çà et là, et jamais quiconque dans la famille ne s'en est aperçu. Pour mieux masquer son entrée au capital, le patron de LVMH a usé d'un montage financier complexe passant par des paradis fiscaux au Luxembourg, dans l'État américain du Delaware et au Panama. Sophistiqué mais pas illégal. Plus tard, l'Autorité des marchés financiers (AMF) jugera sévèrement cette opération.

Plus inquiétant, la famille Hermès a aussi découvert que le propre frère de Bertrand Puech, Nicolas, installé en Suisse, a probablement vendu par l'intermédiaire de son gestionnaire de fortune une partie de ses actions, permettant à Bernard Arnault d'élargir son butin.

Chez les Hermès, après le coup de fil triomphant de Bernard Arnault, c'est le branle-bas de combat. Dès le lundi, l'avocat-conseil de la famille Philippe Ginestié organise à l'hôtel Bristol, à mi-chemin entre le siège d'Hermès et celui de LVMH, une réunion entre Bernard Arnault et son bras droit Pierre Godé, d'une part, et Bertrand Puech et Patrick Thomas de l'autre. Axel, pressé de rentrer des États-Unis, a été prié de rester à Harvard. Il ne faudrait pas insuffler à l'intérieur de la maison la panique qui pourtant commence à gagner.

L'avocat se souvient encore, abasourdi, de ce face à face entre des hommes que tout oppose. « *Dans mon monde,* s'insurge Bertrand Puech, *lorsqu'on prend une participation, on invite d'abord à déjeuner pour s'assurer que tout va bien.* » « *Nous n'en avons pas eu le temps* », assure tranquillement Bernard Arnault. « *Vous achetez nos actions depuis plusieurs années et vous n'avez pas eu le temps ? C'est bien ce que je disais, nous ne sommes pas du même monde !* » rétorque l'héritier Hermès, comme si, dans ces affaires d'OPA, la bienséance était encore de mise…

La guerre est déclarée et la méfiance partout. Si Bernard Arnault a pu pénétrer si facilement les secrets de famille, c'est qu'il a des informateurs bien placés et peut mobiliser des moyens hors normes. « *Soyez prudents, même dans votre vie privée. Ils sont capables de tout* », ont prévenu plusieurs grands patrons qui ont déjà eu maille à partir avec l'appétit insatiable de LVMH. Plusieurs cousins ont la désagréable surprise de s'apercevoir qu'ils sont suivis, que leurs domiciles et leurs résidences secondaires sont photographiés. Dans les bureaux des dirigeants d'Hermès, on se méfie du moindre cliquetis sur les lignes téléphoniques et on se parle désormais en allusions codées. Patrick Thomas a fait venir des spécialistes pour installer un système de brouillage dans son bureau et éviter ainsi d'être écouté.

« *Tout ce que j'ai bâti en trente ans, vous allez le détruire* », avait lancé cruellement Jean-Louis Dumas au fidèle Patrick Thomas qui, après la retraite forcée de son patron, venait pourtant tous les deux jours à son chevet lui donner l'illusion qu'il gouvernait encore. Fantasque et créatif, Dumas n'avait pas vu la véritable menace : la concentration de l'industrie du luxe au sein d'empires en pleine expansion. En 2002, alors que Bernard Arnault grignotait miette par miette le capital de son rival convoité, le charismatique patron organisait une grande tombola interne, afin que ses employés découvrent *« la beauté du monde »*. Chacun avait été prié de noter sur un papier son voyage idéal. Les vendeurs japonais de la boutique de Tokyo demandaient à découvrir Versailles, un chauffeur rêvait de voir des gorilles au cœur de l'Afrique, d'autres encore s'imaginaient traverser l'Europe à cheval jusqu'à Saint-Pétersbourg. Pendant que les heureux gagnants s'égaillaient à travers la planète, une guerre féroce se préparait...

À la fin 2011, Bernard Arnault est monté au capital d'Hermès à hauteur de 22 % et la plupart des banquiers prédisent qu'il ne mettra plus que quelques mois pour ravir l'ancestrale maison. Il faut réagir d'urgence. Axel Dumas est rentré à Paris. À 41 ans, le voici nommé directeur des opérations d'Hermès International et bientôt cogérant aux côtés de Patrick Thomas. Personne ne peut désormais ignorer qu'Hermès a trouvé son héritier. C'est une sacrée entrée en matière pour le nouveau patron. *« Cette attaque hostile a joué un peu le rôle de déniaisement »*, reconnaît-il aujourd'hui.

Toute la famille doit renoncer à sa naïve tranquillité. Car le groupe n'est pas encore sauvé. Qui sait si Bernard Arnault et surtout son âme damnée Pierre Godé, cet avocat lillois, virtuose en procédures et coups fourrés qui pilote les opérations sensibles du patron de LVMH, n'ont pas déjà circonvenu de nouveaux héritiers ?

Hermès porte plainte auprès de l'Autorité des marchés financiers. Mais cela ne suffit pas. Bertrand Puech et Patrick Thomas imaginent une autre parade : convaincre la cinquantaine de porteurs d'actions majeurs de la famille de geler pour vingt ans leurs avoirs afin d'éviter la tentation de vendre. Chaque personne disposant d'au moins 0,5 % du capital devra se déclarer nominativement dans cette nouvelle holding afin qu'Hermès puisse enfin savoir qui possède quoi. Axel Dumas et les cousins les plus actifs de sa génération ont été mis dans la confidence. C'est un pari qui vaut le coup d'être tenté, estiment-ils.

Le 14 décembre 2011, une soixantaine d'héritiers se retrouvent donc à 10 heures dans l'un des salons de Potel et Chabot, traiteur des beaux quartiers de Paris. Le montage technique expliqué par les avocats pourrait se résumer ainsi : la nouvelle holding qui leur est proposée doit regrouper les porteurs de 62,85 % des parts familiales et bloquer 80 % de leurs avoirs, soit à l'époque 8 milliards d'euros. Autant d'argent en moins pour financer le train de vie luxueux des héritiers, un énorme sacrifice pour beaucoup. De surcroît un tiers des bénéfices annuels sera obligatoirement réinvesti dans l'achat d'actions flottantes pour éviter que des investisseurs extérieurs ne s'en saisissent. C'est un sacré engagement, mais c'est le seul moyen d'assurer solidement l'indépendance de la marque. Julie Guerrand, membre de la sixième génération, a été désignée pour prendre la tête de la future holding.

Juste avant le déjeuner, alors que la séance de questions vient de s'achever, arrive le moment de vérité : « *Que ceux qui sont d'accord se lèvent.* » Il n'y a pas une seconde d'hésitation, toute la salle se dresse comme un seul homme. *« Ce soir, je suis encore plus fier d'être un Hermès ! »*, souffle un cousin Guerrand. Les avocats n'ont plus qu'à rédiger les règles de ce pacte d'actionnaires : H51 (pour 51 membres de la famille qui y ont adhéré) est née. Seul Nicolas Puech a refusé d'en être. Bientôt, l'Autorité des marchés financiers dévoilera que c'est bien lui qui a permis à LVMH de monter dans le capital d'Hermès en vendant 8,8 millions de titres aux banques mandatées par le groupe de Bernard Arnault. Sans ses actions, ces dernières n'auraient pas pu mettre en place les « *equity swaps* », ce montage subtil et opaque qui a permis cette prise de participation hostile et secrète.

En 2014, LVMH a été condamné par l'AMF à une amende de 8 millions d'euros pour ces « pratiques trompeuses ». Financièrement, un moindre mal pour le géant du luxe, qui a tout de même engrangé une plus-value de 3,4 milliards d'euros, le cours d'Hermès ayant doublé sur la période… Mais l'image de Bernard Arnault en ressort durablement abîmée.

Huit ans plus tard, les traces du traumatisme sont toujours présentes. Hermès et LVMH continuent à se vouer une détestation tenace. Leur rivalité s'observe parfois dans des bras de fer puérils que les deux entreprises se livrent pour l'emplacement d'une boutique, où chacun se met soudain à surenchérir pour empêcher l'autre de s'y installer. En juin 2022, à l'occasion de l'élection du président du Comité Colbert, les hommes de Bernard Arnault se sont félicités de la victoire de Laurent Boileau, PDG d'Hennessy, l'un des fleurons de LVMH. Jusque là, le prestigieux mandat était tenu par Guillaume de Seynes, le directeur général d'Hermès et cousin d'Axel Dumas. Ce dernier relativise ces compétitions entre les deux groupes. *« Bernard Arnault nous a rendu un grand service en réveillant un sentiment de solidarité dans la famille,* constate-t-il, *cela a été la bataille de ma génération. »* Le fameux effet « guerre en Ukraine »... Jusqu'au raid de LVMH, les héritiers Hermès avaient un peu oublié qu'ils étaient une famille.

Axel Dumas semble avoir tiré les leçons de cette fragilité et veille désormais au maintien du lien familial, seul garant fiable de la solidité de l'entreprise. Deux fois par an, il organise ainsi des dîners pour la septième génération, plus nombreuse, afin d'évoquer l'histoire de la maison et de transmettre les valeurs d'Hermès, qu'il énonce ainsi : courage, tolérance, bienveillance, esprit critique et liberté. Les conjoints sont conviés aux fêtes et l'ensemble des héritiers s'est vu proposer de partir en Italie visiter les fournisseurs, à Shanghai pour l'ouverture d'une boutique et bientôt à New York où Hermès inaugurera un magasin, sur Madison Avenue.

« Notre contre-modèle, c'est La Comédie humaine *de Balzac ou* Les Buddenbrook *de Thomas Mann »*, ces grands romans qui racontent le déclin de familles minées par les jalousies et la médiocrité, assure le littéraire Axel Dumas. Rue de la Ville-l'Évêque dans le quartier de la Madeleine à Paris, où il a installé ses bureaux, les employés s'amusent de voir, sur le trottoir d'en face, le siège de Free, la société fondée par Xavier Niel, désormais gendre de Bernard Arnault. Le cousin Guillaume de Seynes travaille

au bout du couloir. L'autre cousin, Pierre-Alexis Dumas, le directeur artistique d'Hermès, navigue dans les étages de la rue du Faubourg-Saint-Honoré, et Henri-Louis Bauer, le neveu de Bertrand Puech, a pris la tête de la structure qui rassemble les héritiers. *« Nous sommes tous numéro deux »*, assure modestement Axel Dumas. Avant d'ajouter en souriant : *« Le numéro un, évidemment, c'est Hermès. »*

5.

Jérôme Seydoux, après lui le déluge !

Sur les falaises du pays de Caux se niche un écrin de verdure et de perfection florale considéré comme l'un des plus beaux jardins privés du monde : le bois des Moutiers.

Situé sur la commune de Varengeville, en Normandie, quartier général de la HSP, la haute société protestante, ce parc de 12 hectares a été aménagé à la fin du XIXe siècle par un couple d'amoureux de la nature et de paysages d'exception. Gertrude Jekyll, la célèbre paysagiste anglaise, et l'architecte Edwin Lutyens ont conçu à leur demande une œuvre aussi originale que magistrale composée d'un manoir à l'architecture rare Arts & Crafts et d'un immense domaine imaginé comme un lieu d'harmonie où s'entremêlent lacs, sous-bois, clairières, couleurs et senteurs extravagantes. Dans ce lieu unique, longtemps ouvert au public, les esthètes peuvent déambuler au milieu d'azalées de Chine, de magnolias spectaculaires, de rhododendrons de l'Himalaya, de cèdres de l'Atlas ou d'érables du Japon. Claude Monet, Pablo Picasso,

Marcel Proust, André Breton ou Jean Cocteau, Debussy, Ravel ou Satie sont venus y chercher quiétude et inspiration.

C'est ce trésor que le président de Pathé Jérôme Seydoux, 87 ans, protestant lui-même, a racheté en mars 2019. Depuis que son épouse Sophie a eu un coup de cœur pour le lieu, il s'est lancé dans des travaux pharaoniques, confiant la rénovation de la bâtisse au célèbre décorateur Jacques Grange et les fameux jardins à Madison Cox, paysagiste de renom et veuf de l'homme d'affaires Pierre Bergé.

La nouvelle de cette acquisition a alimenté les conversations du voisinage où vivent nombre de hauts cadres à la retraite, et jusqu'à celles des salons parisiens. Quelle mouche a bien pu piquer l'homme d'affaires pour investir dans une telle demeure quand d'autres, à son âge, réfléchissent plutôt à la gestion de leurs assurances vie ?

Ceux qui s'interrogent connaissent mal Jérôme Seydoux, petit homme sec aux yeux bleus perçants comme de la glace et à la détermination farouche. Un homme secret, froid et cassant, un patron exigeant qui entretient sa ligne à l'aide d'une alimentation saine et stricte et d'années d'activités sportives régulières : golf, ski, gymnastique. Il y a deux ans encore, il sautait en parachute. Un tycoon du cinéma qui s'entoure des plus grands médecins et qui, comme d'autres puissants de sa génération, conjure la mort en continuant à travailler d'arrache-pied. *« À 50 ans il disait qu'il s'arrêterait dix ans plus tard. À 60 ans, il jurait de prendre sa retraite à 70. Depuis qu'il a largement dépassé les*

80, il ne parle plus de rien ! », s'amuse un ancien salarié de Pathé. Comme si Jérôme Seydoux avait fini par se croire immortel. Quel meilleur pied de nez au temps qui passe que d'acquérir un domaine classé monument historique pour en faire un lieu de vacances ?

Jérôme Seydoux Fornier de Clausonne, dont l'entreprise est estimée à plus d'un milliard d'euros malgré la crise du Covid et la fermeture des salles de cinéma pendant presque six mois, est un héritier (Schlumberger par sa mère) d'un genre particulier : il refuse d'envisager sa propre succession. Il se rend à son bureau tous les jours, s'investit avec énergie dans de nouvelles productions, sans dire à quiconque qui prendra sa place le moment venu. Dans les couloirs de Pathé, ses obligés évoquent à voix basse « l'après », mais personne n'oserait poser tout haut la question. Interrogé à ce sujet par *Le Monde*, en 2013, l'intéressé avait répondu : *« Je ne suis pas un artiste, mais je partage avec eux la conviction qu'il ne faut pas prendre sa retraite et qu'il convient de mourir en scène. »*

Sa succession est un sujet tabou qu'il n'évoque jamais, même avec ses plus proches comme le journaliste et écrivain Philippe Labro, le producteur Paul Rassam, l'essayiste et conseiller Alain Minc ou l'ancien patron de *Libération* Serge July. Inutile de préciser qu'il a aussi refusé de nous en parler.

Le puissant patron – 77e fortune française selon le magazine *Challenges* en 2021 – ne manque pourtant pas d'héritiers : il a huit enfants et des petits-enfants en pagaille. Une famille nombreuse mais de bric et de broc, fissurée par de profondes blessures et des ressentiments persistants, une tribu construite dans le sang et les larmes, sur des tombeaux mal scellés qui charrient toujours des vagues de chagrin. Là encore, comment ne pas chercher des explications dans les drames et les secrets de la famille pour en comprendre les ressorts et les dysfonctionnements ?

Revenons d'abord aux origines de l'histoire et posons les personnages principaux sur le Monopoly des affaires. Jérôme Seydoux est, par sa mère, l'héritier des Schlumberger, une famille richissime qui a bâti sa fortune sur le pétrole. Son père, René, un géophysicien spécialiste des énergies fossiles, a longtemps dirigé le groupe avant de passer la main en 1965 à Jean Riboud, esprit cultivé et patron à poigne. Riboud est un industriel pur jus, un stratège au service de cette famille dont les trois quarts des membres se contentent de percevoir leurs dividendes. Pour lui, un héritier est avant tout un rentier. Ses résultats sont si remarquables que les « Schlum », comme on appelle familièrement ces milliardaires, ne protestent pas, en 1973, quand il évince l'ambitieux Jérôme, qui se voyait déjà PDG. Ce dernier vient alors de prendre la direction du groupe, à New York, quand Riboud le convoque dans son appartement de Park Avenue, à Manhattan, pour lui dire qu'il ne fait pas l'affaire. Le fils des propriétaires licencié par leur employé, on ne peut guère imaginer pire blessure d'orgueil.

À la genèse de la tragédie grecque qui va suivre,

il y a donc ces deux familles alliées, mais aussi, et surtout, deux couples dont les destins s'entrecroiseront de troublante manière. D'un côté, voici Jérôme Seydoux et sa première épouse, Hélène Zumbiehl, élégante et passionnée d'opéra, dont la simple vue faisait tourner la tête de François Mitterrand. Ils ont quatre enfants : Charlotte, Henri (le père de l'actrice Léa Seydoux), Alexis et Ludovic. L'autre couple, plus jeune, se compose du beau ténébreux Christophe Riboud – fils de l'intraitable Jean et de Krishna Riboud dont il a hérité le teint bistré des Indiens et la chevelure de jais –, et de son épouse, Sophie Desserteaux, une blonde pétillante, mère de leurs trois enfants.

Juste avant de mourir, en 1985, Jean Riboud demande à Jérôme Seydoux de prendre avec lui son fils Christophe, de treize ans son cadet, pour créer une chaîne de télévision, La Cinq, aux côtés de l'homme d'affaires italien Silvio Berlusconi. Si Jérôme, l'ex-dauphin, n'a pas oublié l'affront de New York, il affiche en public une parfaite entente avec le fils de celui qui l'a tant humilié. Jusqu'au drame... Le 30 août 1987, à l'âge de 37 ans, Christophe meurt dans un accident de voiture. Ce décès brutal choque le monde des affaires. Qui n'est pourtant pas au bout de ses surprises. Les proches du couple Riboud qui viennent soutenir Sophie, la jeune veuve, s'étonnent de voir Jérôme Seydoux leur ouvrir la porte, comme s'il était chez lui.

Dans les mois qui suivent, l'héritier Schlumberger divorce de sa femme Hélène. L'avocat Georges

Kiejman s'occupe de la négociation financière. *« Demandez à votre client d'être plus généreux, Mme Zumbiehl doit pouvoir maintenir son standing. Vous n'avez pas idée de ce que peut coûter une robe Dior ! »*, lui glisse la juge aux affaires familiales en charge du dossier. Jérôme Seydoux, 54 ans, se montre très arrangeant comme s'il était pressé d'en finir et de pouvoir vivre son amour au grand jour. Il se remarie avec Sophie en 1988, un an à peine après la mort de Christophe. Une précipitation qui plonge ses enfants dans la colère et la consternation.

Georges Kiejman, qui accompagne Helène Zumbiehl dans ses recherches d'appartements, garde le souvenir d'une femme douce, calme et posée. Ni lui ni personne n'osent alors imaginer qu'un second drame va se jouer. Le 24 octobre 1989, Pierre Bergé donne un dîner privé à l'Opéra Bastille, dont il est le président depuis un an. Y sont invitées des personnalités du Tout-Paris et des amateurs éclairés de musique. Une des convives ne se présente pas, il s'agit d'Hélène Zumbiehl, comme l'indique le petit bristol calligraphié posé discrètement à côté de son assiette sur la nappe immaculée. Ses voisins la pensent en retard, puis au fur et à mesure que les minutes passent, s'étonnent : elle n'a pas prévenu de sa défection, ce n'est pas le genre de cette femme bien élevée.

La petite assemblée décide de commencer le souper sans elle. Pendant que la conversation roule sur les derniers potins entre la dégustation de mets raffinés, Hélène Zumbiehl est en train de mourir, en forêt de Rambouillet. Un an après le remariage de son mari avec Sophie Desserteaux, elle a décidé de mettre fin à ses jours à l'âge de 51 ans. L'épouse délaissée a préparé sa spectaculaire sortie jusque dans les moindres détails. Elle a laissé à ses quatre enfants une lettre imputant son geste fatal à l'abandon de leur père, avant de mettre le feu à sa voiture et de s'y enfermer. *« Une vengeance terrible »*, commente en frissonnant un ami du couple Seydoux.

Comment une famille peut-elle se remettre d'une telle violence et d'un si grand malheur ? Après le suicide d'Hélène, les enfants ne veulent plus entendre parler de leur père, auquel ils vouent une rancœur tenace. Henri, le second, est alors âgé de 29 ans. C'est un fêtard, proche du designer Philippe Starck et du chausseur Christian Louboutin, pilier du Palace où il rencontrera sa seconde épouse la mannequin Farida Khelfa, mère de ses deux derniers enfants. Actuel PDG de Parrot qui fabrique notamment des drones civils, il a refusé pendant plus de dix ans de pardonner à ce père qui a brisé sa famille.

En 1991, Jérôme Seydoux a un dernier fils, Jules, avec sa nouvelle épouse. Mais l'atmosphère se dégrade encore avec les enfants de son premier mariage lorsqu'il décide d'adopter Pénélope, Thomas et Raphaëlla, que Sophie a eus avec Christophe Riboud. *« Il va de soi que ceux que j'ai en grande partie élevés devaient avoir les mêmes droits que mes enfants biologiques »*, confiait-il.

Lors de la polémique sur le tournage de *La Vie d'Adèle*, le réalisateur Abdellatif Kechiche avait sévèrement reproché à son actrice Léa Seydoux de n'avoir eu qu'à user de son patronyme pour se faire connaître. La jeune comédienne avait protesté que son grand-père n'avait été pour rien dans son ascension cinématographique. Elle n'exagérait guère, tant, pendant des années, la famille Seydoux a ressemblé à un puzzle aux pièces manquantes.

Avec le temps, les uns et les autres ont pris le parti de faire bonne figure et de ravauder les liens. Le père a accepté de se rendre au remariage de son fils Henri avec Farida Khelfa, puis l'a aidé financièrement quand son entreprise Parrot s'est retrouvée en difficulté. Les huit enfants étaient autour du patriarche pour ses 70 ans. Enfin réunis… mais installés à des tables différentes.

Ce soir-là, le couple Seydoux avait convié près de deux cents personnes au Jardin des plantes pour une réception d'un luxe et d'un raffinement inouïs (la marque de fabrique de Sophie, souvent décrite comme l'une des meilleures maîtresses de maison de Paris). Un ballet de voiturettes de golf accompagnait les invités sous la verrière où le champagne était servi. Fleurs, musique, éclairage, vaisselle, un dîner digne d'un mariage princier. Les convives se souviennent encore avec émotion des créations du chef triplement étoilé Marc Meneau et des dizaines de serveurs râpant d'énormes truffes sur les assiettes. À la table d'honneur autour de Jérôme et Sophie, leurs amis stars, Dany Boon et Jamel Debbouze, qui assurèrent le show avec la chanteuse Luz Casal, en présence du réalisateur Pedro Almodovar ou du producteur Paul Rassam. Même les frères de

Jérôme, Michel et Nicolas, ont joué le jeu de la bonne entente en se fendant d'un sketch, habillés en pasteurs protestants.

La fête passée, chacun des enfants est retourné à ses occupations. Les héritiers Seydoux n'ont pas de problèmes de fin de mois. Les revenus générés par Pathé ne sont qu'une goutte d'eau dans l'océan d'argent que représentent les actions Schlumberger détenues par leur père et dont ils hériteront un jour.

Même les riches ont besoin de travailler, cependant, ne serait-ce que pour y trouver une raison sociale. Les quatre aînés ont aujourd'hui la soixantaine, ils se sont construits loin de Pathé. Sophie, en revanche, a tenté de placer ses enfants au sein de la société. Pénélope travaille avec elle comme directrice générale de la fondation ; Thomas a fait une petite incursion dans le groupe avant de prendre la tangente à Londres ; Jules y a également occupé plusieurs postes de façon éphémère. Aucun n'a semblé faire l'affaire, ou n'a manifesté l'envie de continuer à travailler sous les ordres d'un père réputé tyrannique dans ses relations de travail. « *Jérôme est darwiniste*, analyse un de ses amis. *Il a toujours laissé ses enfants faire ce qu'ils voulaient. Il ne les a pas poussés ni dans leurs études ni à trouver une vocation. Si l'un d'eux avait pris un ascendant incontestable, il lui aurait laissé les rênes, mais cela n'a pas été le cas. Comme il n'a aucune vision dynastique, savoir ce que deviendra Pathé dans dix ans n'est pas l'essentiel pour lui.* »

Deuxième d'une fratrie de quatre, premier des garçons, Jérôme Seydoux s'est, il est vrai, toujours vécu comme un aîné. L'argent, la culture et l'entregent lui ont été donnés au berceau : sa famille est l'une des plus fortunées du pays. Son père, le géophysicien René Seydoux, PDG de Schlumberger, avait épousé Geneviève Schlumberger, la fille du cofondateur du groupe et l'héritière de ce qui est devenu aujourd'hui une multinationale dans l'énergie et notamment la prospection pétrolière.

C'est peu dire que l'actuel dirigeant de Pathé n'a manqué de rien. Il n'a pourtant jamais voulu d'un avenir de rentier, comme une multitude de ses cousins qui se contentent de vivre de leurs dividendes. Après une école d'électronique à Toulouse, il devient analyste financier, avant de rejoindre le groupe familial via la banque Neuflize, Schlumberger, Mallet, alors fleuron de la finance protestante. Nous sommes en 1964, Jérôme a 30 ans. Associé, gérant, membre du directoire, il apprend le métier. Comment n'aurait-il pas pensé, à la mort de son père, neuf ans plus tard, devenir à son tour PDG de Schlumberger ? Jean Riboud, le père de Christophe, a douché tous ses rêves, comme on l'a vu. C'est cette blessure d'orgueil qui, selon ses proches, l'a transformé ensuite en machine de guerre avide de revanche et de réussite.

Le voilà patron de ses propres affaires. Avec le soutien financier de sa mère, il reprend le conglomérat Chargeurs en 1980. Il sera également brièvement à la tête de la compagnie aérienne UTA.

Ce protestant de gauche modérée, qui fit un

temps partie du cercle des hommes de pouvoir, conseillant de façon informelle Pierre Mauroy, le Premier ministre socialiste de François Mitterrand, investit en parallèle dans plusieurs journaux. Il entre au capital du *Nouvel Observateur*, du *Matin de Paris* et de *Libération* dont il finit par prendre le contrôle en 1996.

L'expérience de La Cinq en 1986, avec Christophe Riboud, va marquer un tournant dans sa vie. Il deviendra ensuite président du conseil d'administration de British Sky Broadcasting puis de la chaîne Comédie.

Mais c'est finalement le cinéma qui le happe quinze ans après que son frère Nicolas, avec lequel il entretient des relations compliquées, s'est lancé avec succès dans la production de films avec Daniel Toscan du Plantier et Jean-Pierre Rassam. Nicolas est devenu PDG de la Gaumont, une des plus anciennes sociétés de cinéma au monde. En 1990, Jérôme Seydoux rachète Pathé. Trois ans auparavant, son petit frère Michel lui avait fait rencontrer Claude Berri avec lequel il formera un des duos les plus performants de l'industrie cinématographique.

C'est avec Berri – qui avait coutume de dire : *« Ce qui compte ce n'est pas ce qu'un film coûte mais ce qu'il rapporte »* – qu'il remporte ses plus grands succès, comme le très populaire *Bienvenue chez les Ch'tis*, mais également en finançant des films d'auteurs comme ceux de Pedro Almodovar. Seydoux-Berri, *« l'alliance de la fortune et du génie »*, résumait Nathalie Rheims, la dernière compagne du producteur.

Tous ceux qui ont travaillé avec Jérôme Seydoux racontent un homme travailleur, courageux dans les affaires, intuitif, rigoureux, exigeant et perfectionniste. Mais aussi autocrate dans son management, voulant tout contrôler, avare de compliments, capable de pousser des gueulantes homériques, tout le temps pressé et souvent péremptoire dans ses jugements. Son truc : insécuriser, créer des rivalités, diviser pour mieux régner et garder ainsi le contrôle absolu. Le conseil qu'il donne à ses cadres : *« Embauchez quelqu'un qui veut vous piquer votre job. »* Quand tout le monde tombe d'accord sur un sujet, il se méfie et prend le contrepied : *« Votre unanimité me fait peur, je vais faire le contraire. »*

L'avenir de l'entreprise après lui ? C'est bien simple, il n'en parle jamais. *« On a été élevés dans la négation du fils successeur »*, expliquait aux *Échos* en mai 2017 un des frères de Jérôme Seydoux, Michel, le plus jeune, le plus cinéphile, le moins entrepreneur aussi. *« Pour nous, la dynastie, ce n'est pas une bonne idée. Ce n'est pas notre truc. D'ailleurs la dynastie Schlumberger n'a pas fonctionné : Pierre Schlumberger n'a pas succédé à son père et Jérôme a été évincé. On n'est pas construits comme ça. »*

Son grand frère Nicolas a pourtant cédé dès 2004 – il n'avait alors que 65 ans – la direction de la Gaumont à sa fille Sidonie Dumas, avec succès. Pendant des années, ses collaborateurs l'ont vu arriver en réunion avec elle, tout juste diplômée en droit, la laisser intervenir et se faire les dents avant de lui passer progressivement les rênes. *« Ce n'est pas Jérôme qui aurait fait ça,* note une de ses plus vieilles relations. *Il considère que personne n'est aussi bon que lui !* » Même ses frères ne trouvent pas grâce à ses yeux : « *Il les méprise, il dit qu'ils ne sont pas au niveau* », ajoute le même. Jérôme et Nicolas se sont associés sur les salles de cinéma avant que Jérôme ne rachète à grands frais la totalité des parts, mais tous ceux qui se sont retrouvés avec eux autour d'une table ont été effrayés par l'ambiance polaire régnant au sein de la fratrie.

Face à ce tableau familial éclaté, une succession reposant sur une personne extérieure au clan a paru longtemps la solution envisagée par Jérôme Seydoux. Mais depuis trente ans, dès que le nom d'un éventuel dauphin commence à être évoqué, ce dernier finit cloué au pilori. Tuer ses successeurs potentiels semble être la spécialité du patron. Dans les couloirs de Pathé, on appelle cela « *les exécutions capitales* ». Le scénario est toujours le même : le grand chef recrute des jeunes issus des grandes écoles, disciplinés, les fait grimper dans l'entreprise, les rémunère grassement puis les vire, sans raisons ni explications du jour au lendemain.

C'est ce qui est arrivé à François Ivernel, qui a, pendant vingt-sept ans, servi Jérôme Seydoux. Diplômé d'HEC, obéissant et travailleur, il a démarré dans le groupe avant même le rachat de Pathé, du temps des Chargeurs. En 1994, il commence à investir le cinéma, le catalogue, les acquisitions de films en lien avec Paul Rassam. Il fait ses preuves et prend la direction de la filiale de distribution anglaise en 2000. Les succès s'enchaînent, *The Queen*, *Slumdog Millionaire*, *La Jeune Fille à la perle*. En 2008, Seydoux lui demande de revenir à Paris pour s'occuper de la distribution des films en France, puis de la supervision des productions de films.

Comme un rite de passage, Jérôme Seydoux ordonne alors à Ivernel de licencier son prédécesseur Franck Lebouchard, chargé des cinémas Gaumont Pathé, qui n'a pourtant pas démérité. Ivernel, en bon petit soldat, s'exécute. Cet épisode devrait pourtant l'alerter sur la personnalité de celui qui l'emploie, mais le jeune cadre est si pétri d'admiration pour l'énergie et la vista de son mentor qu'il ne le pense pas capable de cruauté à son égard. Erreur. Plus on le présente comme le successeur (il dirige alors tous les secteurs du groupe à l'exception de l'Olympique lyonnais, chasse gardée de Jérôme Seydoux), plus il risque sa tête. En 2009, lorsque l'homme d'affaires reçoit la Légion d'honneur, il ne cite qu'un seul nom dans son discours en dehors de celui de son épouse adorée : François Ivernel. Les invités présents y voient une intronisation. Le poulain est désormais au conseil d'administration et commence à prendre de plus en plus d'initiatives sans percevoir l'agacement poindre dans le regard de Jérôme Seydoux.

Un jour de 2013, ce dernier lui demande de passer le voir dans son bureau. « *Je suis désolé, ça me coûte de vous le dire mais il faut qu'on se sépare* », lui assène-t-il sèchement. Lorsque François Ivernel, totalement abasourdi, lui demande pourquoi, il répond : « *Je pourrais vous le dire, mais vous ne seriez pas d'accord, ça ne servirait à rien.* » Un confortable chèque accompagnera son renvoi.

Après le départ de l'enfant prodige, l'hécatombe continue. « *Nous sommes des métayers. Tous ceux qui prétendent s'approcher trop près du soleil se brûlent. Tous ceux qui se croient proches du patron et se permettent des privautés le payent cher* », constate un membre de la longue liste des sacrifiés. Parmi les derniers, Romain Le Grand, entré chez Pathé en 1997 alors qu'il sortait lui aussi d'HEC. Il a gravi les échelons jusqu'à être nommé responsable de toute la production et la distribution. Jérôme Seydoux semble l'apprécier comme un autre jeune producteur, Vivien Aslanian, auquel il confie les mêmes fonctions. Il pense les mettre en compétition, mais les deux hommes s'apprécient. Leur duo fonctionne si bien que le capitaine prend peur : il craint à nouveau de ne plus être le seul maître à bord. Un jour, dix-neuf ans après son embauche, Romain Le Grand rentre de vacances, détendu : le dernier film produit par la maison, *Les Tuches 2*, a fait un carton. Quand Jérôme Seydoux demande à lui parler, il ne se doute de rien : « *J'ai décidé de mettre fin à notre collaboration* », s'entend-il dire. Viré en trois minutes et sans motif. Le même jour, Vivien Aslanian, arrivé lui aussi en 1997 comme contrôleur de gestion, subit un sort identique. À l'instar de François Ivernel, les deux hommes ont fondé une nouvelle société de production, Marvellous, mais n'ont plus jamais pu travailler avec Pathé. Quand ils sortent du clan, que ce soit volontairement ou après avoir été exclus, les anciens cadres rejoignent une liste noire.

Cette application à éliminer tous ceux qu'il a formés serait un régal pour un psychanalyste. Paranoïa ? Autodestruction ? Angoisse de mort ? *« Il répétait souvent : “À partir de 30 ans on est vieux”*, se souvient un de ses anciens obligés. *Avoir du sang frais autour de lui lui donne l'illusion de rester jeune. »*

À défaut de pouvoir trouver un successeur parmi sa progéniture, Jérôme Seydoux semble avoir un moment caressé l'idée de laisser son empire à son épouse, Sophie, de seize ans sa cadette. À la tête de la fondation qui veille aux archives de Pathé, Sophie s'intéresse au cinéma, lit certains scénarios et assiste aux projections des rushs. En revanche, elle ne connaît rien au business, assurent les différents collaborateurs du groupe que nous avons rencontrés – tous nous faisant jurer de laisser leurs propos anonymes, signe qu'à 87 ans, l'homme d'affaires continue à faire peur. *« C'est une femme de pouvoir, mais pas une cheffe d'entreprise*, précise l'un d'eux. *Elle ne sait pas lire un bilan. » « C'est un sujet que nous n'avons jamais abordé*, assurait pour sa part Sophie Seydoux au *Monde* en 2013. *J'ai 62 ans, et on ne s'improvise pas patronne de Pathé à cet âge. »* Neuf ans plus tard, l'hypothèse d'une succession entre mari et femme paraît encore moins probable.

Ces dernières années, le despote a été tenté d'aller chercher à l'extérieur de la famille et du groupe un possible successeur. Après avoir un temps pensé faire venir l'ancienne ministre de la Culture Audrey Azoulay, il se tourne en 2015 vers Thierry Frémaux, le délégué général du Festival de Cannes, un ami de très longue date. Ce dernier coche toutes les cases : il est sympathique et professionnel, apprécié de tous, doté d'une parfaite connaissance du milieu. Pour le convaincre, Jérôme Seydoux lui promet tout : la direction des productions, des salles, de la fondation, de l'Olympique lyonnais pour un salaire d'un million d'euros par an. De quoi étourdir n'importe qui. Pas Thierry Frémaux que ses amis les réalisateurs Quentin Tarantino, Iñárritu ou Martin Scorsese supplient de rester aux manettes du Festival. Après plusieurs semaines d'hésitations, Frémaux décline poliment. Jérôme Seydoux ne lui en tient pas rigueur. *« Il a même semblé soulagé de ce refus, comme s'il ne tenait pas vraiment à se trouver un remplaçant »*, note un de ses amis.

Avec la crise du Covid, l'homme d'affaires s'inquiète néanmoins. Il sait bien que la fermeture des salles va porter un sacré coup à ses activités. Via Grégoire Chertok, l'un des directeurs de la banque Rothschild, il fait passer le message à Xavier Niel, patron de Free et actionnaire principal du *Monde*, qu'il pourrait vendre. En plein confinement, un déjeuner est organisé entre les trois hommes dans le somptueux hôtel particulier de la rue de Grenelle au cœur du VIIe arrondissement, où les Picasso accrochés aux murs et les mobiles signés Calder, dans le jardin, impressionnent tant les visiteurs. Au cours de ce repas léger agrémenté d'un peu de caviar, Niel comprend que Seydoux n'a pas l'intention de se débarrasser de Pathé, mais a besoin d'un actionnaire minoritaire pour se renflouer. « *Ça ne m'intéresse pas, je ne suis pas un pigeon* », lâche-t-il au banquier qui a joué les intermédiaires, en quittant le rendez-vous.

Pour trouver du cash, Jérôme Seydoux choisit finalement de vendre ses parts de l'Olympique lyonnais (20 %) sans même prendre la peine de prévenir son président Jean-Michel Aulas, profondément blessé de cette indélicatesse. L'intéressé, lui, n'y voit que la dure loi du marché.

Que deviendra Pathé à la disparition de l'infatigable Jérôme Seydoux ? Certaines rumeurs font état d'une entrée en Bourse, mais la plupart de ses proches misent plutôt sur une vente à son décès, puisque les héritiers sont trop nombreux sans pour autant que l'un d'eux se montre intéressé par la reprise de l'affaire. Pendant que le petit monde du cinéma se perd en conjectures, l'entrepreneur est plus actif que jamais. En plus de sa « folie » de Varengeville, il s'est lancé dans la construction d'un nouveau siège pour Pathé, avec bureaux et salles de cinéma, dans le quartier de l'Opéra à Paris. Une restructuration colossale de 10 000 mètres carrés confiée à Renzo Piano, l'architecte du Centre Georges-Pompidou, qui devrait être livrée en 2024 et dont le coût pourrait atteindre 100 millions d'euros. Côté films, Jérôme Seydoux fait feu de tout bois avec la réalisation d'une série de productions à grand budget, dont il contrôle chaque détail. Après le spectaculaire *Notre-Dame brûle* par Jean-Jacques Annaud et *Les Trois Mousquetaires*, actuellement en tournage, il prépare un *Napoléon* et un biopic sur de Gaulle à Londres. Des films patrimoniaux à destination du grand public… qui ont tous en commun de regarder vers le passé.

6.

Les Mulliez, tous pour la famille

C'est un immeuble de bureaux comme il en existe des centaines de milliers : constructions modernes, façades anonymes nichées dans les périphéries, là où le gris du béton a remplacé les arbres et l'herbe. Il se situe boulevard de Cambrai, à Roubaix, dans le Nord, et abrite le siège de l'Association familiale Mulliez (AFM), l'une des familles les plus fortunées de France. L'une des plus secrètes, aussi. Des Mulliez on ne connaît ni les noms ni les visages. Voilà près de soixante-dix ans que, de génération en génération, ils travaillent à se rendre invisibles, se tiennent à l'abri des regards et de la curiosité, alimentant fantasmes et spéculations. La devise de ces catholiques fervents : *« Le bruit ne fait pas de bien, le bien ne fait pas de bruit. »*

Contrairement aux Bolloré, Lagardère ou Arnault, ils se cachent, mais leurs produits ont envahi notre quotidien et leurs enseignes dessinent nos paysages comme autant de bornes familières. Auchan, Leroy Merlin, Boulanger, Decathlon, Kiabi, Pimkie, Norauto, Flunch, une grande partie de ce que consomment les Français appartient à la dynastie Mulliez. Quelque 130 marques ou enseignes, un empire de 700 000 salariés dans le monde, un chiffre d'affaires cumulé de près de 100 milliards d'euros par an.

L'aventure Mulliez est à la fois une réussite spectaculaire et une succession menée de main de maître. Les descendants du fabricant de laine Louis Mulliez (1877-1952) sont aujourd'hui mille quatre cents, dont huit cents émargent à l'AFM. Dans certaines branches, particulièrement prolifiques, cinq générations se sont déjà succédé. Les Mulliez sont parvenus à faire mentir la malédiction qui menace le capitalisme familial : « La première génération crée, la deuxième gère, la troisième dilapide. » La clé de leur succès tient en un modèle unique au monde, qui leur permet de préserver leurs intérêts patrimoniaux autant que leurs liens familiaux. Un système parfaitement huilé dont ils ont, pour la première fois, accepté de parler.

Après plusieurs semaines de silence, de refus et de discussions, nous voici donc accueillies dans le saint des saints par Barthélémy Guislain, grand gaillard bronzé au regard franc et au verbe dru, patron de la puissante AFM, cette association de cousins sans base juridique ni légale qui veille aux intérêts des actionnaires familiaux. À 48 ans, cette « pièce rapportée » – il est marié à une Mulliez – a fait un parcours comme la famille les aime et les valorise, gravissant tous les échelons, de directeur de magasin à président du conseil de gérance de l'AFM en passant par la création de sa propre entreprise, Kbane, spécialisée dans l'isolation thermique.

Barthélémy Guislain incarne une nouvelle génération, à la fois garante des bonnes performances des entreprises et de l'unité familiale, tout en étant un tantinet moins frileuse que les précédentes. « *C'est la première fois qu'un journaliste entre ici* », prévient-il néanmoins d'un ton méfiant, avant de nous entraîner discrètement dans une vaste pièce : « *Je n'ai prévenu personne de votre présence ici, ne dites surtout pas qui vous êtes.* »

La salle dans laquelle il nous installe est spartiate : carrés de moquette industrielle au sol, néons encastrés au plafond, assemblage de tables en bois stratifié et chaises en plastique noir et bleu en guise de mobilier. Pas de canapés douillets ou de meubles design, pas de tableaux aux murs ni d'écrans plasma, seulement quelques photos de famille – des centaines de visages –, et un vieux paperboard où des schémas ont été griffonnés au gros feutre.

C'est ici que se réunit le conseil de gérance de la famille, précise le maître des lieux en nous observant du coin de l'œil avec un petit sourire. Il ajoute en servant de l'eau plate dans des gobelets en carton : « *C'est beaucoup moins luxueux que dans le CAC 40 n'est-ce pas ?* » De ce qu'il en sait en tout cas, car les grandes familles dont il parle, les Arnault, Pinault, Bolloré et autres Lagardère, il ne les fréquente pas. « *Ce n'est pas notre monde.* »

À l'origine de l'empire Mulliez – aujourd'hui composé de multiples sociétés indépendantes les unes des autres, mais dont l'actionnaire commun est la famille –, une entreprise de textile de taille moyenne installée à Roubaix, à deux pas de la famille de Bernard Arnault, dans cette ville réputée pour ses dynasties d'entrepreneurs lainiers. Au début des années 1950, les Mulliez anticipent les mutations du secteur et ont l'idée géniale de créer leur propre marque de magasins franchisés, Phildar, qui vend aiguilles, patrons et pelotes de toutes les couleurs aux mères de famille dévouées. Elle essaime dans toute la France.

À la mort du patriarche, en 1952, ses onze enfants s'interrogent sur le devenir des affaires de la famille (1 800 employés à l'époque). Alors que certains leur conseillent de répartir les biens entre eux, les fils décident de *« faire mieux ensemble que chacun séparément »*, une autre de leurs devises devenues fétiches. Lors d'un séminaire organisé à Ostende (Belgique) en 1955, ils lancent les bases de l'AFM, dont la charte est inspirée par la doctrine sociale de l'Église, formalisée par le pape Léon XIII en 1891.

L'AFM est un pacte d'actionnaires régi par deux principes. Le premier stipule que seuls les descendants de Louis et Marguerite Mulliez-Lestienne sont autorisés à détenir des titres des sociétés de la famille ; ils n'ont pas le droit de les vendre à des tiers afin d'éviter les prédateurs extérieurs. Une « bourse » interne ouvre tous les ans au mois de juillet, pour permettre à chaque cousin de revendre ou d'acheter des actions. Une caisse de rachat a été créée pour compenser les mouvements trop importants. La direction de la famille – élue tous les quatre ans – possède un droit de veto sur les ventes et rachats d'actions. Le patrimoine est ainsi sécurisé et tout est fait pour empêcher un cousin gourmand de devenir trop puissant.

Le second principe fondateur est l'organisation d'un véritable « communisme actionnarial » : les frères s'entendent pour tout mettre au pot commun, actions des entreprises existantes comme de celles à venir. Cette règle du « tous dans tout » est le ciment de leur accord car il oblige à une solidarité sans faille. Une prison dorée, aussi, qui permet une succession sans accrocs apparents.

En 1964, les garçons décident d'associer leurs quatre sœurs dans l'actionnariat. Non par élan féministe, mais par souci d'efficacité : elles avaient besoin d'être dotées et le montant de ces dots obligeait trop souvent à vendre des actifs. Près de soixante ans plus tard, les femmes Mulliez sont certes actionnaires, mais quasi absentes des postes de responsabilités. La parité n'est pas arrivée dans la famille, où les épouses élèvent les nombreux enfants et sont souvent cantonnées aux actions caritatives ou au bénévolat. Les conjoints seront acceptés au bout de quelques années, par pragmatisme également. Rien de tel que d'avoir deux parents actionnaires pour former les futurs héritiers à transmettre dans de bonnes conditions patrimoine et valeurs. *« Les conjoints sont très importants, ils font le lien mais avec détachement »*, note Barthélémy Guislain, avant de citer une autre maxime de la famille : *« Le nombre est une force. »* En cas de divorce, les pièces rapportées sont tout de même priées de rendre leurs actions.

Inimaginable, en effet, qu'un ex puisse céder ses parts à un enfant d'un second lit n'ayant aucun lien de sang avec les Mulliez.

Dans les années 60, en pleine crise du textile, les petits-enfants de Louis Mulliez diversifient les activités. L'âge d'or commence. Gonzague Mulliez fonde Saint-Maclou en 1963. Un de ses cousins, Gérard, monte Auchan un an plus tard à l'aide d'un prêt familial. Une aventure citée en exemple et qui illustre parfaitement les valeurs familiales où l'audace, l'esprit d'entreprise et le travail sont plus importants que la course aux diplômes prestigieux. Quand le jeune Gérard parle de son idée de supermarché, la famille s'oppose d'abord à ce projet : *« Nous sommes des industriels, on ne va quand même pas devenir des épiciers ! »*

Têtu, Gérard convainc son père de l'aider à financer sa première grande surface (600 mètres carrés) dans le quartier des Hauts-Champs à Roubaix. Les débuts sont difficiles. Il fait froid sous le hangar, le personnel est contraint de brûler des palettes de bois la nuit pour faire monter la température. Deux ans plus tard, les clients ne sont toujours pas au rendez-vous et la famille commence à s'impatienter : s'il ne trouve pas une solution, Gérard va devoir rembourser les siens et fermer boutique. Il analyse alors la situation : ce sont les femmes qui, à l'époque, font les courses, mais ce sont les hommes qui conduisent les voitures. Il faut donc persuader ces messieurs d'accompagner leurs épouses. Pour cela, il achète des stocks de bouteilles d'alcool fort qu'il annonce vendre à prix cassés, à grand renfort de publicité. Les clients affluent en masse, Auchan prend son envol.

Les décennies suivantes voient pulluler d'autres marques du groupe : Kiabi, Norauto, Decathlon, Boulanger ou Leroy Merlin.

Avec un parking commun acquis à bas prix dans des zones commerciales en pleine expansion, les Mulliez captent les consommateurs français qui s'approvisionnent et s'équipent dans toutes leurs enseignes, en quelques heures seulement. Aujourd'hui, via Creadev, la société d'investissement de la famille, une diversification a été opérée dans de multiples secteurs, comme les maisons de retraite avec Maisons de famille, ou les énergies renouvelables avec Voltalia. Une stratégie financièrement très payante : si la grande distribution bat un jour de l'aile, les dividendes continueront à affluer grâce aux nouveaux investissements.

Comment rester unis alors que la famille ne cesse de s'agrandir ? Cette question obsède les Mulliez. Leur organisation au cordeau les préserve des risques de dislocation : une structure juridique complexe et des systèmes permettant optimisation fiscale et bons rendements qui donnent envie à tous de rester à bord du navire. Ils ont également créé une gouvernance efficace : chaque entreprise est dirigée par un tandem, un directeur général recruté à l'extérieur et un président non exécutif, le plus souvent un cousin qui veille au grain et s'assure du respect des valeurs fondamentales. Ils sont ainsi cent cinquante à occuper des places dans les quelque deux cents conseils d'administration.

Parfois qualifiée de « secte », la famille a son propre vocabulaire, ses rites, ses devises et ses codes transmis de génération en génération. Entre Mulliez, on ne parle pas de groupe mais d'« écosystème », les conjoints ne sont pas des « pièces rapportées », mais des « valeurs ajoutées », les héritiers sont des « familiaux ».

Sur le papier, chacun est libre de vivre sa vie comme il l'entend. *« Si on ferme la cage, les oiseaux n'ont qu'un désir, c'est de s'en aller. Si on la laisse ouverte, ils peuvent faire un tour mais ils reviennent toujours »*, résume Antoine Mayaud, ancien président de la commission *affectio societatis* (« attachement à l'entreprise ») chargée de veiller à la préservation du lien familial. *« La liberté est la meilleure façon d'obtenir la fidélité. »*

De même, l'adhésion à l'AFM n'est ni obligatoire ni automatique. Le but est d'accueillir des actionnaires impliqués. Il faut avoir au moins 20 ans pour postuler à l'association, et suivre un stage de trois jours afin d'acquérir les bases du fonctionnement de l'empire ainsi que des rudiments en économie, gestion et finances. À l'issue d'un week-end d'intégration, les nouveaux membres sont cooptés par applaudissements, lors d'une assemblée générale réunissant tous les cousins. Un parcours initiatique qui reste, pour chacun des Mulliez rencontrés dans le cadre de cette enquête, un *« grand moment d'émotion »*.

Accéder à des responsabilités est plus difficile.

Dans la famille, il n'y a pas de « droit de fauteuil ». Il faut faire ses preuves pour gravir les échelons et se voir confier des fonctions de direction. Rien n'est laissé au hasard, lorsqu'il s'agit d'optimiser la gouvernance et de préserver l'unité. Ainsi, il est conseillé aux pères de ne pas prendre leurs fils pour successeurs, mais plutôt leurs neveux. Un fils en colère pourrait être tenté de saborder une entreprise afin de « tuer le père », tandis que celui qui voue une admiration totale au sien n'osera rien changer, de peur de dénaturer son œuvre. *« Rien ne pousse à l'ombre des grands chênes sauf les glands »*, dit une autre devise qu'apprécient les Mulliez, décidément potaches.

« Si les valeurs ne sont pas transmises, si les fondamentaux ne sont pas ancrés dans le cœur et l'âme des successeurs, il y a un risque d'effondrement à la troisième ou quatrième génération », confiait Gérard Mulliez au magazine *Enjeux*, en 2003. Parmi les valeurs cardinales qui leur sont particulièrement chères : garder intact le goût de l'entrepreneuriat et, pour cela, éduquer sa progéniture dans le rapport le plus sain possible à l'argent. *« Si vous offrez une Porsche ou un bateau à votre enfant, comment lui donner envie de travailler dur ? »*, s'interroge un cousin.

« Nous avons des règles implicites, confie un autre, Fabien Derville, 58 ans, quatre enfants, président des conseils d'administration de Mobivia et de Decathlon, *vivre avec son salaire, ne pas jeter l'argent par les fenêtres, s'endetter pour une résidence principale mais pas pour une résidence secondaire, s'assurer que l'enfant est*

au travail, dans la vraie vie, comme ça, il aura moins le temps de dépenser. »

« *L'argent est comme le sang* », assure une autre maxime maison. Comprendre : il doit circuler, profiter à l'organisme tout entier. À Roubaix, pas de dépenses superflues ; le bâtiment ne comporte pas de cuisine, les déjeuners se font autour de plateaux-repas, les traiteurs sont proscrits, les restaurants réservés aux grandes occasions. Pendant plusieurs années, à la demande de Gérard Mulliez, le philosophe André Comte-Sponville a donné des conférences rémunérées pour les cadres du groupe. Il se souvient d'un public douloureusement assis sur des sièges en plastique rigide pendant des heures. Un jour, il demande à son hôte s'il peut doter sa salle de fauteuils plus confortables. « *Mais pour quoi faire ?* lui rétorque Gérard Mulliez. *Ce sont les premiers prix d'Auchan, ils sont parfaits !* » Plus tard, quand l'intellectuel lui demandera une petite augmentation de tarif, il soupirera : « *Mon très "cher" philosophe...* » Et ne le rappellera plus jamais ! Dans ce nord de la France où une grande partie de la famille vit encore, les millionnaires n'ont pas de chauffeur, le président voyage en avion de ligne, il n'a jamais été envisagé de se doter d'un jet privé : « *Ce n'est pas un genre que nous nous donnons,* précise Barthélémy Guislain. *Ça nous sert, nous ne sommes pas déconnectés, nous restons près des choses et des gens.* » Le cousin venu nous chercher à la gare conduit en effet lui-même sa Citroën usagée. Sur la banquette arrière traînent des sacs de courses Auchan.

Ici, on se souvient encore de la réaction d'un

héritier Dassault venu en visite, quand un cousin lui a proposé de le raccompagner au métro : « *Mais je n'ai jamais pris de transport en commun !* », a-t-il lancé. « *Il faut un début à tout* », lui a répondu l'autre en lui glissant un ticket dans la main et en le poussant vers le quai.

Chez les Mulliez, il y a bien un ou deux châteaux, quelques belles résidences secondaires qu'on ne peut deviner depuis la rue et des maisons avec piscine dont certaines à Néchin, en Belgique, juste de l'autre côté de la frontière, où la fiscalité est si attrayante. Mais pour la plupart des mille quatre cents membres que compte le clan, un sou est un sou, et il n'est pas question d'en faire étalage. De même, il est impensable de dilapider le patrimoine construit par les aînés. Un aphorisme, un de plus, résume le tout : « *On est là pour servir, pas pour se servir.* »

Chez ces catholiques du Nord à la discipline toute protestante, pas de jet-setteurs, pas de fontaines à champagne ni de boîtes de nuit, pas de liaisons pailletées avec des mannequins ou des actrices. L'immense majorité des cousins circule en transports en commun – jamais en première classe –, s'habille et consomme dans les enseignes du groupe. Des proches se souviennent de dîners sommaires à base de conserves 100 % Auchan, et de vacances où les Mulliez dressent scrupuleusement un tableau de comptes pour répartir équitablement les frais entre les couples amis. Économes, « *radins* », persiflent certains. « *Frugal* », corrige « Barthé », comme sa famille le surnomme.

Il existe bien quelques flambeurs – une trentaine, surveillés de près par les cousins – qui craignent plus que tout *« le syndrome Bahamas »* : l'héritier cigare aux lèvres qui dilapide l'héritage. Les jeunes générations se souviennent encore avec effroi de l'hélicoptère que Franky Mulliez, le fondateur de Kiloutou, utilisait pour se rendre à grands frais dans son château de Dordogne. Depuis qu'il a créé un parc pour animaux dans les 400 hectares de son château de Dampierre, près de Versailles, la famille lui a pardonné ses « frasques » passées.

L'argent fait peur, la finance davantage encore. Pas question, se sont juré les cousins, d'entrer un jour en Bourse, ce *« cancer du monde »*, comme disait Gérard Mulliez. Entrer en Bourse, c'est aussi s'obliger à une certaine transparence, à communiquer sur les comptes et les résultats, ce qui n'est guère dans l'intention des Mulliez. S'ils sont convaincus que la recherche du profit est essentielle, ils savent aussi que les chiffres ne peuvent pas rester bons à long terme sans entente entre les actionnaires. *« Faire du business en famille est contre nature,* explique Antoine Mayaud, qui a longtemps été un des piliers du conseil de gérance de l'AFM. *Pour réussir à concilier l'inconciliable, il faut renforcer les liens et s'apprécier. »*

À l'orée des années 90, personne n'en a rien su, mais la famille a failli exploser. Les aînés s'inquiètent alors à voix haute : et si leurs descendants n'étaient pas capables d'assurer l'unité et la pérennité de l'ensemble des activités ? Leurs réalisations derrière eux, les fondateurs sont passés du plaisir de créer à la peur de perdre. Soulignant le gigantisme de la galaxie, ils évoquent l'idée de vendre ou de répartir le patrimoine branche par branche.

Une quinzaine de jeunes rebelles s'y opposent. Parmi eux, Antoine Mayaud, 68 ans aujourd'hui, Mulliez par sa mère et qui pendant longtemps a eu une mauvaise image de sa famille, à laquelle il reprochait d'avoir humilié son père, dont l'entreprise familiale de joaillerie religieuse avait fait faillite. Il s'était promis de ne jamais travailler pour cette tribu étouffante, mais après vingt-cinq ans passés dans des entreprises extérieures, notamment chez Danone, il est revenu sur sa promesse.

Quand, avec ses camarades de la jeune garde, il se dresse contre la direction du clan, les oncles leur donnent un an pour les convaincre. Ils vont même jusqu'à leur accorder un budget pour travailler à trouver une réponse à ces questions brûlantes : « Pourquoi rester ensemble ? Pour qui ? Pour aller où ? » À l'assemblée générale suivante, ils ont cinq minutes pour défendre leur point de vue et décident d'arriver en culottes courtes. Thierry Mulliez, un des frondeurs, prend alors le micro pour dire : *« Je m'appelle Thierry, j'ai 35 ans et je ne suis plus un gamin »*, avant de le tendre à un autre qui répète la même phrase, puis à un autre… *« Nous voulions qu'ils comprennent que nous étions aptes à prendre le relais et que nous étions déterminés à poursuivre l'aventure de nos parents*, raconte Antoine Mayaud. *Nous avons été applaudis par ceux-là mêmes qui étaient méfiants, c'est comme s'ils nous avaient posé un défi que nous relevions. »*

Depuis cette alerte, la nouvelle génération au pouvoir a mis en place une batterie d'outils pour se protéger du risque de dislocation et faire de *« la famille de sang une famille de sens »*, selon une autre de leurs formules. Elle s'est dotée en 1997 d'un réseau social interne très développé qui permet à chaque membre, qu'il soit médecin, prof, étudiant, ou qu'il travaille pour une enseigne de la galaxie, de suivre les différentes actualités et rendez-vous.

Tous les sept ans, un exercice de vision à vingt ans est ouvert à tous. Les volontaires planchent pendant un an, rencontrent des philosophes, des politiques, des sociologues, des économistes, des patrons d'enseigne, des concurrents, afin de se souvenir de ce qu'ils sont et de répondre à la sempiternelle question : « Pourquoi restons-nous ensemble et pour quoi faire ? » *« C'est un acte de foi conscient et engageant »*, commente Barthélémy Guislain. Un embryon de démocratie interne a également été mis en place avec la reconnaissance de groupes d'opposition, comme l'« AFM Environnement » – qui voit d'un mauvais œil la bétonisation à outrance et l'hyperconsumérisme –, encouragés par les fondateurs. Les Mulliez ont compris qu'ils avaient tout à gagner à garder près du centre ceux qui pourraient être violemment en désaccord avec la stratégie du groupe.

Tout est fait pour ne laisser personne s'éloigner. Partout où il va dans le monde, à Shanghai ou au Sénégal, à Bordeaux ou à Madrid, Barthélémy Guislain se débrouille pour aller dormir chez des cousins entre deux visites d'usine afin de discuter de tout, de rien, et beaucoup de l'AFM. « *La famille est dévorante, certains peuvent avoir l'impression d'être écrasés par les fantastiques réussites d'autres cousins,* analyse Antoine Mayaud. *D'autres ont déménagé pour échapper à la pression sociale de Lille-Roubaix-Tourcoing. Notre objectif est de ramener ceux qui sont en périphérie, qui se sont sentis blessés et sont partis vivre loin, et de leur montrer que, quelle que soit la taille de leur part, ils ont de l'importance à nos yeux.* »

La mission *affectio societatis,* qui emploie dix personnes à temps plein, œuvre d'arrache-pied en faveur de l'unité familiale. Les AG se terminent toujours par un repas de famille, une gigantesque cousinade à la fin du week-end, où l'on mange, on boit, on discute, on chante et on fait des sketchs lors de soirées à thème (les Mulliez adorent se déguiser). Le reste de l'année, des spectacles de marionnettes ou des stages de poney rassemblent les plus petits, des voyages sont organisés pour les ados, mais également des visites d'entreprises, des stages.

Quant aux adultes, ils se voient proposer des retraites dans des monastères et des voyages d'étude réunissant, trois à quatre fois par an, une quarantaine de cousins pour une semaine de découverte d'un pays étranger (Chine, Russie, Brésil) à bord d'un bus. Un moyen de découvrir d'autres modèles économiques et de tisser des liens, car « *on n'aime que les gens qu'on connaît* », pense-t-on chez les Mulliez. Une façon, aussi, pour les organisateurs de repérer des talents que l'on va pouvoir inciter à prendre des responsabilités dans la galaxie. Car il n'est pas question d'oublier l'ADN premier de la famille, l'entrepreneuriat. Être actionnaire ne doit pas empêcher de continuer à créer, c'est ce que ces champions de la formule résument ainsi : *« Avoir des actions dans l'action. »*

Des formations économiques ou financières sont dispensées aux volontaires, un cursus spécial pour devenir administrateur dans un conseil est proposé, comme des expériences « vis ma vie », qui permettent à n'importe quel cousin de s'immerger trois journées dans un conseil d'administration.

Un club des entrepreneurs présidé par Romain Mulliez – fondateur de La Vignery, une chaîne de cavistes – a été monté il y a quinze ans afin d'accompagner les chefs d'entreprise en herbe dans leur projet. Chaque cousin peut venir développer une idée, il bénéficie des conseils des quelque quatre-vingt-dix salariés de l'AFM, juristes, fiscalistes, financiers, ainsi que de l'expertise des cadres des enseignes. Si son projet est convaincant, il peut obtenir prêts et investissements familiaux. *« Il y a deux conditions pour avoir confiance en soi,* aimait à répéter Gérard Mulliez : *la première c'est d'avoir réussi quelque chose, et la deuxième, que les autres reconnaissent que vous avez réussi quelque chose. »* Ainsi, quarante-cinq entreprises ont été lancées, de toutes tailles et dans tous les domaines, du bar jazz à Lyon à Horse Pilot, une marque d'équipement d'équitation.

Cette énergie colossale mobilisée pour œuvrer à la cohésion familiale n'empêche pas quelques accrocs. En avril 2022, Alexandre Mulliez, petit-fils de Gérard le fondateur d'Auchan, a mis un coup de canif dans la sacro-sainte règle d'or du secret en rendant public un conflit qui l'a opposé au reste de la famille. Après avoir été évincé en décembre 2021 de la vice-présidence d'Auchan, il s'est fendu d'un commentaire sévère critiquant la gouvernance, semant le trouble parmi les cousins peu habitués aux éclats publics. À la tête de l'AFM on assure qu'il s'agit d'un *« cas isolé »*, d'un *« simple désaccord qui ne laissera pas de traces »* et que l'unité est préservée.

Barthélémy Guislain a pu éprouver la force du lien familial en plusieurs occasions. Lorsque, en 2016, les juges ont ordonné une salve de perquisitions dans les propriétés du groupe Mulliez pour des soupçons de fraudes fiscales massives, les cousins ont fait bloc, même après que certains d'entre eux furent soumis à de lourds redressements. Même élan de solidarité lors de la crise du Covid-19, marquée par la fermeture brutale de toutes les enseignes en mars 2020, entraînant une perte de chiffre d'affaires de 90 %. Le chef de la famille a organisé des visioconférences tous les vendredis pour tenir informés les cousins inquiets. Personne n'a moufté lorsqu'il a annoncé la suspension du versement des dividendes. *« Nos relations peuvent être dures, mais elles sont franches, il n'y a pas de coups tordus entre nous*, assure-t-il. *En cas de problème, on est tous alignés. Ça nous a permis de surmonter la crise et d'en sortir grandis. »* Plus récemment, la guerre en Ukraine et la décision de garder les enseignes ouvertes en Russie ont mis la galaxie Mulliez sous le feu des projecteurs et des critiques. Certains membres de la famille ont fait part de leurs doutes sur la stratégie choisie. Il a fallu beaucoup de discussions, d'échanges d'informations et de persuasion pour que la majorité s'entende sur la nécessité de rester ouvert et de sauver les quatre-vingt-dix mille emplois sur le sol russe. Ils se sont mis d'accord sur une ligne : *« Nous ne sommes pas des États, nous sommes des entreprises. Notre rôle n'est pas de sanctionner des populations civiles, ce qui serait de surcroît inefficace et inopérant. »*

« L'intérêt supérieur de la nation Mulliez l'emporte toujours, constate le journaliste Bertrand Gobin, qui a consacré plusieurs ouvrages à la famille. *Ils sont tous sur le même bateau et se serrent les coudes. Ils sont à la fois catholiques, communistes mais aussi très claniques. »*

Les Mulliez se sont dotés d'un règlement intérieur afin de cadrer les relations et les comportements. Les valeurs communes sont issues de la pensée sociale chrétienne, mais la famille compte désormais nombre d'athées et même des bouddhistes et quelques musulmans. L'AMF ne se réfère donc plus à la religion, mais reste attachée à ses racines car *« un peuple sans racines est un peuple sans futur »*, affirme l'un d'entre eux en citant l'archevêque anglican d'Afrique du Sud Desmond Tutu. En cas de conflit dur entre deux cousins, une commission arbitrale se réunit pour trancher selon la règle qu'*« un mauvais compromis vaut mieux qu'un conflit non résolu »*. Un travail d'écoute et d'incitation à la parole a également été mis en place pour que les secrets, même les plus anciens et les plus inavouables – adultères, abus sexuels, violences –, ne viennent pas pourrir les relations familiales entre descendants, donc les intérêts financiers de tous. « *Quand il y a des problèmes dans une famille normale, on ne se voit plus, c'est plus simple. Comme nous avons choisi de rester ensemble, nous devons être très attentifs les uns aux autres, savoir crever les abcès, dialoguer, dire pardon et merci* », insiste Antoine Mayaud.

Chez les Mulliez, même le linge sale se lave en famille.

7.

Les Pinault, le choix d'un enfant

Sa petite silhouette droite est comme figée par la douleur. Ce jour-là, il se tient au premier rang, dans la nef de l'église Saint-Sulpice au cœur du VIe arrondissement de Paris, et tous les amis qui l'ont vu s'avancer vers l'autel savent que ce visage pâle et ce regard bleu dévasté sont ceux d'un profond chagrin. Ce 8 septembre 2021, François Pinault, 85 ans, enterre Florence, la fille de sa seconde épouse Maryvonne, emportée par le cancer, mais chacun a compris qu'il porte le deuil d'une femme qu'il considérait comme son quatrième enfant. *« C'est ma plus grande tristesse depuis la mort de ma mère »*, confie en sortant le patriarche à son ami le conseiller des puissants Alain Minc.

Pour accompagner le grand patron et son épouse, les proches et les conseillers ont battu le rappel afin que la vaste église, au cœur de Paris, soit pleine. L'ancien président François Hollande et sa compagne Julie Gayet, l'épouse du chef de l'État Brigitte Macron, l'ex-impératrice d'Iran Farah Diba, ont pris place au premier rang des officiels, de l'autre côté de la famille. La soprano Anna-Sophie Neher chante oratorio et psaumes, mais c'est François-Henri Pinault, venu depuis Londres avec son épouse l'actrice Salma Hayek et leurs enfants, qui prononce l'éloge funèbre. Celui qui a repris les commandes de Kering, l'empire familial (Gucci, Saint Laurent, Balenciaga, etc.), sait mieux que personne le regret qui tenaille son père. François Pinault aurait voulu adopter au même rang que ses propres enfants cette belle-fille qu'il a quasiment élevée. Florence Rogers-Pinault, c'est d'ailleurs ainsi qu'on appelait communément cette femme blonde qui assurait les relations publiques de Château Latour, fameux vignoble de Pauillac acquis par le grand amateur d'art qu'est François Pinault, comme une marque supplémentaire de civilisation. En vérité, on la croyait déjà sa fille. Aucun journaliste n'a jamais songé à l'interroger.

L'entrepreneur sait pourtant depuis longtemps combien il faut ménager les gestes symboliques à l'égard des siens, si l'on ne veut pas que les fratries se déchirent sur fond de susceptibilités et de jalousies. Craignant de blesser sa fille légitime, Laurence, qui porte déjà un prénom si proche qu'il les confond sans cesse, François Pinault a renoncé à adopter sa belle-fille et ce renoncement vient s'ajouter à son chagrin.

Dans la nef, personne n'a vraiment remarqué les autres enfants. Depuis toujours, la presse, les familiers, le monde de l'entreprise et de l'art ne distinguent chez les Pinault que François-Henri, ce fils choisi pour prendre la suite et diriger le groupe que le fils de marchand de bois et petit-fils d'agriculteurs bretons a créé de toutes pièces au début des années 60. Laurence, l'aînée de la fratrie, et le benjamin, Dominique, sont le plus souvent ignorés. Jamais le milieu des affaires ne parle d'eux. Ils ne figurent sur aucune photo ni dans aucun article. Ils sont les deux descendants Pinault qui n'ont pas été choisis pour reprendre l'empire familial.

Les regards avertis peuvent pourtant les trouver dans de nombreuses manifestations officielles de la famille. Le 19 mai 2021, Laurence et Dominique Pinault ont ainsi assisté discrètement au triomphe de leur père, au milieu des quelque trois cents personnes conviées à l'inauguration de son musée d'art contemporain, niché dans l'ancienne Bourse du commerce, au cœur de Paris. Leur présence est passée inaperçue. Ils ont préféré déambuler à l'écart, plutôt que de s'arrimer à la cohorte de tête, celle des capés et des puissants qui se pressaient autour de leur père et de leur frère. Qui aurait pu les remarquer, alors que les photographes et les mondains n'avaient d'yeux que pour Brigitte Macron, Anne Hidalgo, François Hollande ou Alain Juppé ? Avec leur teint et leurs yeux clairs de Bretons, ils ressemblent pourtant à leur père. Mais à chacun sa place. Laurence et Dominique Pinault ont admis depuis longtemps que la leur ne serait ni sur le devant de la scène ni aux postes de commande. Ce n'est pas toujours une position aisée.

« *J'ai dû faire un choix difficile* », reconnaît sans ambages François Pinault, lorsqu'on le rencontre au siège d'Artémis, la holding familiale où il a conservé un bureau. « *J'aime mes enfants autant les uns que les autres, mais dès l'adolescence je me suis dit que ce serait François.* » Dès l'adolescence...

Laurence a beau être l'aînée, l'industriel concède qu'il n'a même pas songé qu'elle puisse lui succéder : « *Je suis d'une génération où on était plus macho* », confesse-t-il. Alors, pourquoi pas Dominique, le dernier, si proche en âge de sa sœur et de son frère ? Un grand timide qui ne paraissait manifester ni aptitudes ni intérêts particuliers pour la gestion des affaires familiales.

Dès l'adolescence, donc, le choix s'est fixé sur le cadet. Celui qui porte le même prénom que son père, comme le veut la tradition familiale, et qui est, davantage encore que son frère et sa sœur, son quasi-sosie : même corpulence, même regard ultra-mobile, mêmes expressions de visage et de vocabulaire. Qu'a-t-il décelé en lui pour le désigner d'emblée ? Qu'a-t-il manqué aux autres ?

Les trois enfants, nés coup sur coup en 1961, 1962 et 1963 du premier mariage de François Pinault avec Louisette Gautier, ont pourtant reçu une éducation similaire et se sont vu transmettre des valeurs communes. Avec l'appui du Crédit lyonnais et celui de son beau-père, le Breton a repris en 1962 l'entreprise de vente de bois de ce dernier et l'a rebaptisée de son propre nom : les Établissements Pinault. Deux ans plus tard, les époux se séparent. Le petit dernier, Dominique, a un an, François-Henri deux, Laurence trois. Ils restent vivre chez leur mère à Rennes, dans une maison voisine du stade de football de la ville, et de son club professionnel, le Stade rennais. Ils y grandissent confortablement, mais sans luxe, élevés par leur mère dans la religion catholique et scolarisés en écoles privées.

Leur père a commencé à développer formidablement les Établissements Pinault, mais il n'est pas encore l'entrepreneur à succès qu'il deviendra par la suite. *« Mes enfants n'ont pas été élevés comme des gosses de riche »*, insiste-t-il. Il ne cache pas, alors, son ambition farouche, mais il a gardé une admiration respectueuse pour les manières simples et un peu rudes de ses grands-parents, avec leurs douze hectares de terre et ces dix vaches qui faisaient d'eux, à l'époque, les plus riches des Champs-Géraux, un village au sud de Dinan, dans les Côtes-d'Armor. C'est un homme qui, après avoir été pensionnaire au lycée Saint-Martin, à Rennes, a quitté l'école à 16 ans. Il n'a pas de sotte méfiance pour les diplômés et, au contraire, souhaite voir ses enfants faire des études, mais il sait que la force de caractère et l'équilibre psychologique sont les plus importants.

Après son divorce, il a refait sa vie avec Maryvonne Campbell, une antiquaire locale, elle-même mère d'une fille. Florence a l'âge de ses propres enfants. Elle vit avec le couple, quand François n'accueille Laurence, François-Henri et Dominique qu'un week-end sur deux. Lorsque ces derniers sont chez lui, Maryvonne s'occupe de tout. Pinault père travaille du matin au soir, et enchaîne les coups d'audace. Il est encore inconnu, très loin du « milliardaire breton » qui plus tard fera les couvertures de magazines, mais rien ne paraît arrêter son appétit et sa ruse. En 1973, sous la pression de son banquier, le Crédit lyonnais, il a dû vendre son entreprise à Venesta International, une holding britannique, pour 25 millions de francs. Il a aussitôt investi 300 000 francs dans le sucre à la Bourse du commerce et, avec l'envolée des cours, empoché un an plus tard une plus-value de 100 millions de francs. Après cette excellente opération, il en mène une deuxième qui ménage son orgueil : racheter… Pinault SA à Venesta, au bord du dépôt de bilan, pour à peine 10 millions.

Seule son ascension semble le préoccuper. Parfois, le samedi matin, il emmène le jeune François au bureau, sans pour autant lui parler de ses affaires. *« Je m'ennuyais, alors je fouillais dans les tiroirs »*, se souvient le fils avec amusement. À l'âge de 17 ans, il rejoint son père, qui s'est installé à Paris, et entre au lycée privé Stanislas, celui de de Gaulle et des élites. Bon élève, le jeune homme intègre une classe préparatoire aux écoles de commerce. Il a du mal à supporter la charge de travail. Si, jusqu'à présent, François Pinault n'a jamais vraiment exercé de pression sur la réussite scolaire de ses enfants, il hausse désormais le ton lorsque son fils marque son découragement et envisage de changer de voie. *« Il est venu un jour me voir dans mon bureau, avenue de Messine, avec une brochure "Comment devenir expert-comptable en deux ans"*, se souvient le père. *Il voulait arrêter. »* Impossible aux yeux du patron qui intime : *« Rentre à la maison travailler, tu continues. »* François Pinault s'agace parfois de ces jeunes gens frais émoulus des grandes écoles qui n'ont pas, comme lui, ce sens quasi instinctif du commerce. Mais il sait aussi les barrières dressées devant les autodidactes. « *Il nous a toujours dit que les études étaient importantes,* souligne François-Henri, *que s'il en avait fait, il serait allé plus vite.* »

Le fils finit par décrocher HEC en 1985. C'est une immense fierté pour son père qui n'a pas le baccalauréat. C'est aussi à ce moment-là que le choix se cimente. Alors que Laurence et Dominique se lancent dans le droit, le cadet est le seul à se former au monde de l'entreprise. Évidemment, François Pinault imagine déjà comment il pourrait l'aider, alors qu'à coups de rachats et de restructurations il a considérablement élargi son horizon d'entrepreneur.

Le petit-fils de paysan est en effet entré de plain-pied dans le monde des affaires, celui où la politique percute souvent l'économie. En 1976, il a rencontré Jacques Chirac et lui a sauvé la mise en rachetant le fabricant d'étagères Bruynzeel, implanté dans sa circonscription de Corrèze. Depuis, les deux hommes ont tissé des liens de confiance et d'amitié. Dix ans plus tard, lorsque l'industriel acquiert pour un franc symbolique Isoroy, un fabricant de panneaux de bois, il obtient par l'entremise de Chirac, désormais Premier ministre, 130 millions de subventions publiques pour le restructurer. L'année suivante, toujours avec l'appui du Crédit lyonnais et de Chirac, il rachète le producteur de papier Chapelle

Darblay. Il le revendra trois ans plus tard pour 1,4 milliard de francs.

En 1988, Pinault SA fait son entrée en Bourse. L'entrepreneur entend que son fils poursuive son œuvre. Ce n'est pas gagné pour autant. Après avoir passé deux ans à s'amuser avec une bande de copains « *pour la vie* » et cassé deux ou trois voitures lors de virées entre fêtards, François junior est à nouveau tenté de fuir son destin. « *Après HEC, il est allé faire son service militaire au consulat de France à Los Angeles, et il ne voulait plus en repartir* », poursuit son père. Celui-ci met alors le poids de l'entreprise dans la balance. « *Je suis parti là-bas et je lui ai dit : "Reviens, tu me succéderas un jour, je te donnerai les clés."* »

L'héritier fait mine de réfléchir : « *Après ma coopération, je voulais être libre de choisir,* raconte-t-il aujourd'hui. *J'ai passé des entretiens chez Procter & Gamble et chez Colgate-Palmolive, mais aucune de ces entreprises ne m'offrait le niveau de responsabilité que me proposait le groupe Pinault SA.* » Il y entre en 1987 après avoir fixé une règle avec son père : « *Je ne veux pas dépendre de toi.* » En somme, s'il renonce à s'émanciper complètement, il ne veut pas non plus être écrasé par ce géniteur à la fois sentimental pour ses proches et intraitable en affaires.

C'est le début d'un long processus de succession. François Pinault rêve d'un héritier, mais n'aime guère que les privilèges tiennent lieu de talent. Son fils commencera à la base : vendeur dans les dépôts de bois et matériaux. Le voilà contraint de gérer une grève dans une usine bretonne où la

CGT, pour mieux se faire entendre, le séquestre dans son bureau. « *Les diplômes, c'est bien, mais il fallait qu'il comprenne tous les métiers, qu'il voie ce que c'est d'être un employé comme les autres* », sourit le père.

Est-on vraiment un « employé comme les autres » lorsqu'on est le fils du patron ? Qui plus est lorsqu'on est son parfait homonyme ? Lassé de se voir distribuer le courrier du chef de famille et réciproquement, le jeune François décide de prendre une autre identité. Il pourrait choisir son second prénom, Jean, mais il préfère adjoindre au sien le second prénom de son père, Henri. De l'art de se distinguer dans la continuité : au sein de l'entreprise, on l'appellera dorénavant François-Henri. Pour la famille, il restera « François », comme le premier du nom.

Après six ans dans la filière bois, il est nommé président de la CFAO, une multinationale dans le domaine de la distribution que Pinault première génération a rachetée en 1989 ; puis, en 1997, PDG de la Fnac. À 39 ans, il siège au conseil de surveillance du groupe. « *Mon statut a changé à ce moment-là,* confie-t-il. *Pour la première fois, j'ai eu des discussions avec mon père sur la stratégie.* »

En réalité, rien n'a été laissé au hasard pour parfaire son parcours. Chaque étape est pensée comme un palier, où François-Henri est cornaqué par un cadre-mentor chargé de le guider et de lui transmettre son savoir-faire. Pinault lui-même surveille de près cette montée en puissance. « *Une succession est une chose très sérieuse qui se prépare pendant très longtemps »*, assure-t-il. Pour cela, l'industriel fonde d'abord Pinault Trustee, un groupe d'hommes d'affaires qui sont aussi des proches, parmi lesquels Alain Minc, Jérôme Monod et Jean Peyrelevade. Leur mission est double : assurer l'intérim de la gouvernance en cas de décès accidentel du fondateur et évaluer régulièrement le futur successeur.

Deux ou trois fois par an, les patrons amis font le point avec l'héritier, le jaugent et le sondent. *« Il avance, le petit »*, s'entend dire Pinault père. Ce dernier s'appuie également sur Serge Weinberg, qui dirige Pinault SA, l'ancêtre de PPR (Pinault-Printemps-Redoute) rebaptisé Kering en 2013. Pinault père et Weinberg ont un rituel : tous les ans au mois de juillet, le second rejoint le premier dans sa villa de Saint-Tropez pour la journée. Malgré le splendide jardin planté de palmiers et d'oliviers, les deux hommes ne quittent pas la terrasse, discutant des enjeux du groupe et de... François-Henri. *« Il se débrouille bien ? »*, demande l'entrepreneur, anxieux par tempérament, à son numéro deux. Weinberg le rassure : *« Tout va bien. »* Lui a compris depuis longtemps que le fils succédera au père, et il songe déjà à sa vie d'après : monter un fonds d'investissement. Il réconforte aussi François-Henri dans les moments de forte pression. Dans les années 90, ce dernier travaille d'arrache-pied toute la semaine, et le week-end son père le fait à nouveau plancher sur les chiffres. Parfois, François-Henri s'angoisse : *« Je ne vais pas y arriver, c'est trop dur. »* Au fil du temps, il devient plus sûr de lui.

De l'avenir, rien n'est vraiment dit entre le père

et le fils, même lors de leurs tête-à-tête. « *Je ne lui ai jamais demandé la succession et il ne me l'a jamais proposée,* assure François-Henri. *Comme je n'ai jamais demandé de poste, de salaire ou de fonction.* » Il n'en a pas besoin. Raide, François Pinault a pu l'être dans les affaires, mais il protège ce fils destiné à reprendre l'œuvre de sa vie.

Et les autres enfants ? Pendant que son frère grimpe les marches de l'empire, Laurence occupe des fonctions de moindre importance au sein du groupe, notamment au théâtre Marigny, à Paris. C'est une jeune femme sensible et intelligente, mais fragile, comme on le chuchote pudiquement dans le clan. Depuis l'adolescence, elle souffre d'une anorexie mentale, ce trouble du comportement alimentaire dont la fille aînée de Jacques Chirac – une Laurence, elle aussi, et presque du même âge – est aussi affectée. C'est ce qui a achevé de rapprocher l'industriel du politique, minés par le même souci, la même culpabilité face à ces jeunes femmes toujours au bord du gouffre.

Laurence Pinault s'éclipse régulièrement pour se soigner et s'occuper de ses quatre enfants nés de deux unions. Elle n'a jamais revendiqué la moindre part du pouvoir. François Pinault prend soin, cependant, de ménager sa sensibilité. Dominique, le benjamin de la fratrie, a intégré un prestigieux cabinet d'avocats, Gide et Loyrette, et semble avoir pris une autre direction. Il s'intéresse bien au « business » mais ne prétend pas diriger un grand groupe comme l'est devenu, désormais, celui de leur père. Florence, enfin, cette belle-fille tant aimée, reçoit les clients prestigieux et déploie sa personnalité rieuse et aimable à Château Latour, ce grand cru classé racheté en 1993. En somme, chacun assume un rôle dans le groupe mais sans prétendre le diriger.

C'est en 2000 que tout s'accélère. Les barons du groupe et le monde des affaires ont compris, en voyant François-Henri Pinault quitter la Fnac pour devenir directeur adjoint de PPR et entrer chez Artémis dans la foulée, que ce dernier est mûr pour la succession. Le fondateur du groupe est encore jeune (64 ans), en bonne santé et toujours en éveil. En 2003, cependant, il annonce qu'il passe la main, prenant son entourage de court. À commencer par son fils. Depuis plusieurs années, maintenant, François Pinault se montre d'une exigence sans faille avec son cadet. Chaque jour, week-end compris, il l'interroge sans complaisance sur la stratégie, l'évolution des chiffres, les cadres du groupe. Mais François-Henri n'a pas encore saisi que cette pression constante est la dernière main à une préparation méthodique.

Un soir, son père l'emmène dîner dans un restaurant parisien dont il raffole, Chez l'Ami Louis, et lui offre un porte-clés doté de trois anneaux. Sur le premier est gravé « 1962 », date de la création du groupe, sur le deuxième « 2003 ». En lui désignant le troisième, il explique : *« Celui-là est vierge, ce sera à toi de mettre la date pour ta propre succession. »* François-Henri s'inquiète, surpris par la détermination de son père. Il proteste, même : *« Tu es en pleine forme, tu ne prends jamais de vacances, tu adores travailler ! Es-tu sûr ?* » « *Si j'avais ton âge, je voudrais avoir le pouvoir alors je te le donne* », rétorque le père. Sa décision, annoncée avec une incontestable élégance, est sans appel. Le lundi suivant, François Pinault vide entièrement son bureau pour faire place nette à son fils, nommé immédiatement président d'Artémis et vice-président de PPR. À ses deux autres enfants, il a expliqué sans fard sa décision. « *Le pouvoir ne se partage pas, le commandement non plus. Il faut un chef. François-Henri est dans le groupe, ce sera lui.* »

Qui peut savoir comment ont réagi Laurence et Dominique à ce moment-là : joie, soulagement, amertume ? S'ils ont été blessés, ils n'en ont rien montré. La sœur et le frère ont continué à se rendre chez leur père pour fêter Noël, dans son hôtel particulier parisien ou son château de la Mormaire, à Grosrouvre, dans les Yvelines. L'été, ils se retrouvent tous pour quelques jours à Dinard, en Bretagne, où Dominique a acheté une maison près de celle de son géniteur. Ou encore aux anniversaires que Maryvonne prépare avec goût et prodigalité. Ils manquent rarement les moments majeurs du groupe et les vernissages importants des collections d'art de François Pinault, à Venise ou ailleurs.

Du point de vue patrimonial, aucun des enfants n'aurait matière à se plaindre. Le fondateur a organisé de façon équitable sa succession avec le fisc français en divisant la holding financière en trois parts égales et en assurant à chacun un siège au conseil d'administration, donation qui s'est achevée en 2001, le jour de ses 65 ans. Mais il garde pour lui les dividendes : *« Vous les toucherez lorsque je ne serai plus là ! »*, a-t-il prévenu en riant.

Qu'est-ce qui a décidé cet homme au faîte de sa gloire à introniser son fils de façon aussi précoce et radicale ? *« Je sentais qu'il piaffait, je ne voulais pas lui passer la main trop tard »*, répond François Pinault. *« La disparition brutale de Jean-Luc Lagardère, qu'il considérait comme un ami cher, l'a beaucoup marqué »*, croit savoir François-Henri. Certains proches de François Pinault évoquent, eux, un accès de mélancolie dont l'autodidacte breton est coutumier, qui l'aurait conduit à précipiter son retrait. L'année 2003 a été difficile, la crise économique et financière provoquée par les attentats du 11 septembre 2001 a secoué le groupe, l'affaire Executive Life (un imbroglio juridico-financier autour du rachat de la compagnie d'assurances américaine) a débuté, et la bataille contre Bernard Arnault pour le contrôle de Gucci l'a épuisé.

L'année qui suit cette transmission voit cependant tanguer les uns et les autres, comme si personne n'était véritablement prêt. *« Je n'avais pas anticipé que ce serait si dur,* admet le père. *Comme j'avais dit à tout le monde de voir désormais les choses avec mon fils, du jour au lendemain il n'y a plus eu d'appels téléphoniques. Rien. J'ai eu un grand coup de spleen. »*

Il part alors pendant un an rencontrer des artistes en Chine, au Japon, sur la côte Ouest des États-Unis. À son retour, son épouse s'inquiète, elle glisse à François-Henri que son mari tourne en rond. Cette fois, c'est le fils qui va aider le père. Puisque François Pinault a l'ambition de constituer une collection d'art contemporain de premier ordre, il étoffera encore ses activités en continuant à s'occuper de Christie's, cette société de vente aux enchères rachetée en 1998, qui permet aussi de « faire la cote » des artistes sur lesquels il jette son dévolu. Enfin, il gardera dans son giron *Le Point*, ce magazine dont il aime convier à déjeuner les éditorialistes, ainsi que les 90 hectares de Château Latour, sa cave inestimable et son prestige inégalé. Cette nouvelle répartition arrange tout le monde : Pinault père retrouve un terrain de jeu en plus de son activité de collectionneur, tandis que son successeur a l'esprit libre pour relever de nouveaux défis.

Car François-Henri a vite compris qu'occuper la présidence d'Artémis sans avoir de latitude sur la stratégie des sociétés ne sert pas à grand-chose. Il est temps d'acter le départ de Serge Weinberg et de prendre sa place à la tête de PPR. En 2005, le voilà donc avec les pleins pouvoirs. Dès lors, il peut déployer sa propre vision : accélérer le virage dans le luxe largement engagé par son père, en 1999, avec le rachat de Gucci et Saint Laurent. Il se lance dans l'acquisition de nouvelles marques, et vend les fleurons que le fondateur avait développés : Le Printemps en 2006, puis La Redoute, la CFAO, la Fnac.

François Pinault assiste sans broncher au démantèlement et à la transformation de son empire. Parfois, il doute, questionne son fils, le pousse dans ses retranchements, lui fait part de ses intuitions, mais jamais ne l'entrave. « *Quand il a vendu Conforama, ce n'était pas une décision évidente, car l'entreprise marchait, mais il a bien fait »*, reconnaît-il. *« Il s'est tenu à sa promesse,* loue François-Henri avec reconnaissance. *Jamais il n'a appelé de collaborateurs sans m'en parler. »* Il est rare de voir un héritier liquider en bonne intelligence une partie de ce qu'a construit le créateur de l'entreprise et remplacer ses cadres par des hommes à lui, sa fameuse bande de HEC dont il ne s'est jamais vraiment séparé. Mais cette mutation opérée par François-Henri a produit des résultats stupéfiants : la valeur du groupe a explosé (74,31 milliards d'euros de capitalisation boursière en 2020).

En vieillissant, le père et le fils se sont mis à se ressembler plus encore. Ils assurent n'avoir jamais été aussi proches. Plusieurs fois par semaine, le premier resté à Paris et le second, désormais établi à Londres, s'appellent. Lorsqu'ils se retrouvent en France, ils dînent ensemble, regardent les matchs de foot, leur passion commune, et parlent du groupe, bien sûr. François-Henri prend garde à ce que son père ne se sente pas à l'écart d'une galaxie où il ne connaît plus personne. Chaque nouveau cadre recruté est ainsi invité à se présenter à Pinault père, qui donne son avis. À presque 60 ans, François-Henri jure avoir encore beaucoup à apprendre de ce visionnaire qu'il continue d'appeler « papa » devant ses collaborateurs. Récemment, ce dernier lui a dit : *« Tu es sûr qu'au XXIe siècle les marchands de sacs à main seront encore les grands patrons du CAC 40 ? »*, manière de lui signifier que l'apogée du luxe était peut-être atteint et qu'il fallait songer à inventer les marchés du futur. Mais c'est son fils qui prend les décisions et il ne les conteste pas.

François-Henri Pinault jure n'avoir eu *« aucun conflit »* avec son frère et sa sœur à propos de l'empire familial. *« Ils m'ont dit tous les deux "bon courage". Ils savent que j'ai la responsabilité de leur patrimoine et que je prends cette mission à cœur. Ils m'ont beaucoup soutenu lors des crises de 2001, 2003 et 2008. »* En 2018, en toute discrétion, François-Henri a racheté une partie des actions de Laurence et Dominique à l'occasion d'une réduction de capital de la Financière Pinault, votée en assemblée générale, permettant ainsi à chacun de récupérer 117 millions d'euros. *« C'est un moyen de sécuriser le groupe et de les protéger,* justifie-t-il, actionnaire désormais majoritaire avec 51 % du capital. *C'est important pour eux qu'ils puissent avoir du patrimoine en cash et ne pas dépendre de moi si la situation tourne mal. »*

Dominique n'a jamais paru prétendre à la gouvernance de Kering, mais il s'est lancé dans ses propres affaires. Il a lâché le droit et son métier d'avocat pour passer un master à HEC et a investi dans des entreprises de sécurité. De son côté, Laurence travaille à nouveau pour le groupe. François-Henri assume désormais le rôle de chef de famille, veillant sur son père et sur sa belle-mère comme sur ses nièces, les deux filles de Laurence, Charlotte et Olivia, qui travaillent dans des marques de la holding.

François Pinault a aujourd'hui dix petits-enfants. *« Mon père a pris un risque ultime avec moi, j'aurais pu tout rater,* analyse François-Henri. *J'espère que je serai capable de faire la même chose que lui. »* Il jure ne pas former ses quatre enfants à lui succéder, et envisage l'hypothèse qu'aucun d'entre eux n'ait envie de reprendre le flambeau. Sa fille aînée, Mathilde, 19 ans, a cependant intégré l'école supérieure de commerce de Lyon tout en étant championne de saut d'obstacles. Augustin, le fils qu'il a eu avec le top model Linda Evangelista, a 15 ans, sa fille Valentina, dont Salma Hayek est la mère, 14. Enfin, son aîné François, 24 ans, a déjà fait un stage chez Boucheron et démarre sa vie professionnelle chez Blue Origin, fondée par Jeff Bezos. En 2016, à l'hôtel de ville de Paris, lors de la conférence de presse annonçant la collection Pinault à la Bourse de commerce, il était sur la photo aux côtés de son grand-père et de son père. Lui, le troisième François. Un hasard ?

8.

Les Decaux : « Tu en avais rêvé, tes fils l'ont fait »

Cela a commencé comme un slogan publicitaire. *« Ensemble, comme toujours »*, sourit Jean-Charles Decaux en désignant ses frères, l'aîné Jean-François et le cadet Jean-Sébastien. Sourires chaleureux et maintien un peu raide des hommes strictement éduqués. Dès notre arrivée au siège de JC Decaux, à Neuilly, on a remarqué ce même mélange de séduction voulue et de discipline constante dans le portrait grandeur nature de leur père, le créateur de l'entreprise mort en 2016, qui continue de toiser les visiteurs dans le hall d'entrée.

« Ensemble, comme toujours », donc, mais de nombreux témoins nous ont déjà signalé l'exploit de rencontrer en même temps les trois frères. Habituellement, Jean-François vit à Londres, Jean-Charles à Paris et Jean-Sébastien en Italie, et le trio voyage sans cesse. Les héritiers Decaux ont cependant fait coïncider leurs agendas surchargés pour nous convier à déjeuner. C'est dire s'ils tiennent à montrer leur parfaite entente.

Les mêmes témoins nous ont aussi abondamment

parlé du « décor » où ils étaient sûrs qu'aurait lieu la rencontre. Ils ne se sont pas trompés. Ensemble, donc, les frères nous conduisent au sous-sol du bâtiment, un ancien parking aménagé en spectaculaire espace de réception. Immense salon aux tons sombres, salle à manger et amphithéâtre pour les projections de cinéma, entièrement décorés des peintures de l'artiste Gérard Garouste. Un sanctuaire imposant et unique, avec un petit côté années 80, ces années du règne flamboyant de la publicité qui ont fait la fortune du groupe. C'est *« notre père »* qui l'a conçu, soulignent les fils admiratifs.

Ensemble encore, ils prennent place face à nous, bien alignés d'un côté d'une majestueuse table rectangulaire, trois fois plus large et longue qu'une table ordinaire, à la manière de celles des conseils d'administration ou des palais présidentiels. L'aîné Jean-François, 62 ans, haute taille, allure germanique – un pays où il a longtemps vécu – et air sévère, s'installe au centre. Avec sa chevelure argentée et sa silhouette sportive, il est celui qui ressemble le plus au père. À sa droite, Jean-Charles. Dix ans de moins, visage lisse et coiffure impeccable de jeune premier. Dans le milieu de la pub, on le surnomme « Charmant » pour sa ressemblance avec le prince du dessin animé Shrek. Il y est aussi le plus connu parce qu'il dirige la marque en France. Enfin, à la gauche de l'aîné, Jean-Sébastien, 45 ans. Le plus jeune, le plus petit de taille, le moins à l'aise aussi, arbore la barbe de trois jours, signature des hommes de sa génération. Membre du trio, indéniablement, mais que l'on devine immédiatement un peu à part…

Presque vingt ans séparent l'aîné du petit dernier. « *J'ai trois fils uniques* », avait coutume de dire leur père. Il ajoutait en plaisantant à moitié : « *Je suis content d'avoir trois fils, ça m'évite d'avoir à supporter des gendres.* » Les trois Decaux portent les mêmes costumes et cravates larges sur des chemises blanches impeccablement taillées, affichent une prestance et une politesse sans faille : pas un geste d'agacement, attentifs les uns aux autres, laissant chacun s'exprimer sans lui couper la parole. Surtout ne pas donner l'impression qu'il puisse y avoir l'épaisseur d'une feuille de papier à cigarette entre eux.

Depuis que leur père leur a passé les rênes au début des années 2000, le trio a plus que doublé le chiffre d'affaires (2,745 milliards en 2021 malgré une baisse significative due au Covid) et a fait de ce groupe industriel français spécialisé dans la publicité urbaine un numéro un mondial avec 12 000 employés dans plus de 80 pays. Une « success story », observée et enviée par de nombreuses familles dans le monde des affaires et qui repose sur un fonctionnement unique : le partage absolu et équitable du pouvoir.

Ensemble, c'est ainsi que l'entrepreneur Jean-Claude Decaux a décidé que lui succéderaient ses garçons. Les deux aînés exercent les fonctions de président et de directeur général chaque année à tour de rôle, dans un ballet parfaitement rodé. « *Ils forment un vrai couple, jamais ils ne prendront une décision l'un sans l'autre* », observe leur oncle

Jean-Pierre, 78 ans, pilier du conseil de surveillance, adoré de tous. Le plus jeune frère Jean-Sébastien, qui a quitté ses fonctions au sein du directoire en 2019, a travaillé vingt ans dans l'entreprise familiale avant de préférer se consacrer à sa fondation. Mais il reste actionnaire à part égale avec ses frères (ils possèdent à eux trois 66 % du capital), a son siège au conseil de surveillance, comme son oncle Jean-Pierre qui a démarré avec Jean-Claude dans les années 60 en trimballant de ville en ville des Abribus sur des camions. Comme Alexia Decaux-Lefort, 36 ans, une des filles de Jean-François, cadre dans le groupe Richemont, qui a repris le siège de son grand-père après son retrait en 2013, trois ans avant sa mort. Chez les Decaux, les affaires restent en famille.

Même si le petit dernier a quitté l'opérationnel, il est resté dans la boucle WhatsApp de ses frères, qui le tiennent au courant de tout. « *Le secret de notre bonne entente, c'est le partage des informations, ne jamais ramener le succès à soi, et respecter le principe d'unanimité,* résume Jean-François. *Si nous ne sommes pas tous d'accord, on ne prend pas la décision. Cela nous oblige à nous convaincre mutuellement et ça évite les "je te l'avais bien dit" en cas d'échec.* » Présenter un visage uni a également l'avantage d'empêcher qui que ce soit en interne ou en externe de jouer l'un contre l'autre, cette tentation délétère qui naît si souvent dans les groupes familiaux où les cadres puissants s'appuient sur des rivalités personnelles pour asseoir leur propre pouvoir. Pas de ça chez les Decaux. « *Nous avons toujours les trois en face de nous, personne ne peut essayer de les diviser. Si quelqu'un reporte à l'un d'entre eux, il s'entend immédiatement répondre : "Parlez-en à mes frères"* », constate Gérard Degonse, président du conseil de surveillance du groupe. « *Notre devise c'est : "Un pour tous, tous pour un !"* » sourit Jean-Charles qui lève de temps en temps les yeux de ses deux téléphones portables pour nous décrocher un sourire. La famille parfaite, on vous dit.

À observer et écouter ce trio harmonieux et sans aspérités visibles, on ne peut s'empêcher de penser que le père devait être plus amusant à fréquenter que ses fils. Pas commode, mais diablement charismatique, imaginatif et malin, Jean-Claude Decaux fait partie de ces self-made-men qui ont bousculé le monde des affaires à l'époque des Trente Glorieuses et de tous les possibles. Parti de rien, autodidacte sans diplômes, il a bâti un empire avec audace, énergie et un travail titanesque sur une idée géniale et simple comme toutes les idées géniales : offrir aux municipalités du mobilier urbain de qualité entièrement financé par les annonceurs publicitaires. En somme, il a créé un marché qui n'existait pas avant lui.

Né le 15 septembre 1937 à Beauvais dans une famille modeste, il a été élevé entre le magasin de chaussures tenu par ses parents et le domicile de sa grand-mère, une maniaque de la serpillière qui fera de lui un obsédé de la propreté. À l'âge de 15 ans, Jean-Claude ne tient déjà pas en place. Sa tête fourmille d'idées pour faire prospérer le magasin familial. Un été, profitant de l'absence de son père, il tapisse la ville d'affiches vantant les mérites de la boutique… dont il écoule tout le stock dans les jours qui suivent. Découvrant les rayonnages vides à son retour, le paternel le sermonne copieusement. Le jeune Decaux n'en a cure. Il a trouvé sa vocation : l'affichage publicitaire.

En 1955, à 18 ans, il demande son émancipation et fonde sa première société, qui se spécialise dans les placards publicitaires d'autoroute. Une loi de 1964 qui taxe fortement la publicité routière donne un coup de frein à son activité. Jean-Claude Decaux rebondit rapidement : un jour, alors qu'il voit des badauds attendre le car sous la pluie, il imagine l'Abribus. Et embringue ses frères dans l'aventure : *« C'était un dur,* raconte son cadet Jean-Pierre. *Il avait une poigne, une autorité, il nous commandait tous. Il m'a collé à la manutention puis au commercial et a dit à notre troisième frère Jean-Marie : "Toi tu vas en Belgique !" »*

Jean-Pierre, qui fait alors son service militaire, se souvient de l'excitation des débuts, du premier démarchage auprès du maire de Lyon, des prototypes montés sur un camion, de l'accueil glacial de l'édile qui leur fait dire par son secrétariat : *« Ça ne m'intéresse pas »*, sans même voir de quoi il retourne. Et de la réponse sans ciller du jeune entrepreneur : *« J'ai parcouru 450 kilomètres pour vous montrer mes produits et vous disposez d'un ascenseur pour venir les voir. M. le maire n'a plus qu'à descendre. Je ne quitterai pas les lieux sans l'avoir rencontré. »* Une fois face à l'élu, Jean-Claude Decaux dégaine son argument massue : ça ne vous coûtera rien, la publicité paye.

Un premier Abribus est installé au niveau du pont de la Guillotière en 1964. Après Lyon, les frères convainquent Grenoble, Angers, Poitiers... Les villes signent les unes après les autres, l'entreprise prend son envol au début des années 70. Travailleur acharné, visionnaire toujours en quête d'innovations, Jean-Claude Decaux développe ensuite les sanisettes, rachète les colonnes Morris, met en place les panneaux déroulants, lance les candélabres, les kiosques à fleurs ou à journaux, puis les vélos en libre-service.

C'est un homme séduisant, qui s'entretient à l'aide d'une alimentation équilibrée, une pratique intensive du vélo (50 kilomètres chaque week-end), et qui chasse de temps à autre en forêt de Rambouillet. Une part importante de ses affaires repose sur sa capacité à convaincre les élus, de droite comme de gauche, et personne n'a de meilleur carnet d'adresses politiques. Mais il ne cache pas sa passion pour le général de Gaulle, au point de restaurer à ses frais la ville de Colombey-les-Deux-Églises ainsi que l'illumination de la croix de Lorraine. Jean-Charles, son second, porte d'ailleurs le prénom de son idole.

Une légende est née que le reste de la famille se fait fort d'entretenir. Au siège de Plaisir, dans les Yvelines, trône ainsi une réplique de la première Vespa avec laquelle le jeune entrepreneur allait coller ses affiches.

Juste en retraçant l'étourdissante réussite professionnelle, on s'interroge sur le trio qui déjeune en face de nous. Comment ont-ils pu résister à ce modèle écrasant ? Pourquoi n'y a-t-il pas trace, dans leur discours, ni de révolte adolescente, ni de vocation différente, ni même d'une mère dont la présence compléterait celle de cet homme si dominateur ?

C'est souvent dans l'éducation que résident les clés et les secrets. Celle qu'offre Jean-Claude Decaux combine la séduction et l'exigence, et surtout une immersion continuelle, dès l'enfance, dans l'entreprise. Les trois garçons grandissent dans le culte de celle-ci. D'ailleurs c'est simple, leur père ne paraît s'intéresser qu'à elle ou presque. À la table familiale, lors des déjeuners dominicaux à Plaisir, comme au Pouliguen sur la côte atlantique où le clan a acheté plusieurs maisons de vacances, on ne parle ni littérature, ni cinéma, ni actualités, mais chiffres, bilans, stratégies et business. Alexia Decaux-Lefort, la fille de Jean-François, en témoigne : *« La vie du groupe a toujours été au cœur de notre famille. Mon grand-père, mon père et mes oncles ne parlaient que de ça. »*

Parfois, le PDG s'autorise un voyage d'agrément à Rome ou à Séville pour assister à une corrida, ne dédaigne pas les visites de musées et les expositions, mais la majorité du temps, il parcourt les rues de Paris aux aurores pour vérifier si le mobilier est bien entretenu. Il impose des normes de propreté uniques au monde : aucune trace de poussière ne doit pouvoir être distinguée à l'œil nu sur les camionnettes Decaux à cinq mètres. *« S'il voyait un vélo cassé dans la rue deux jours de suite, ça le rendait dingue, il appelait immédiatement la maintenance* », se souvient un proche. Son obsession : le produit, qui doit être de qualité et toujours impeccable. « *Ce qui vaut la peine d'être fait vaut la peine d'être bien fait* », aime-t-il à répéter. Il n'hésite pas à faire appel à de grands architectes et designers comme Norman Foster, Renzo Piano, Jean-Michel Wilmotte ou Philippe Starck pour offrir le plus beau aux usagers. À l'entrée de l'usine du groupe, à Plaisir, il a fait apposer cette citation du grand chef d'orchestre Herbert von Karajan : « *Seul le meilleur est acceptable.* »

Ses fils ont reproduit les mêmes réflexes : « *Quand nous étions en voiture, s'il voyait un panneau qui ne fonctionnait pas, mon père téléphonait aux services techniques pour leur demander ce qui se passait* », se souvient Alexia. Même les visiteurs n'ont qu'à bien se tenir. Lorsqu'ils se rendent au siège, il leur est demandé de ne pas garer leur voiture dos au mur, afin d'éviter que le pot d'échappement ne le salisse. Une culture d'entreprise fondée sur une discipline militaire où tout est millimétré, normé, cadré et calculé, et que les fils ont fait perdurer.

Les anciens collaborateurs de Jean-Claude Decaux se souviennent d'avoir vu ce dernier hurler, soulignant sa brutalité dans les affaires quand d'autres louent sa grande tendresse dans le privé. Celui qui avait pour règle de vie « *du travail, du travail et encore du travail* » a élevé les trois enfants qu'il a eus avec Danièle Piraud, épousée à vingt ans, dans l'exigence, le culte de l'effort et l'obligation de résultats. Devenu riche, il se tient à l'écart des mondanités, sort peu, ne fréquente ni les clubs patronaux ni les cercles du pouvoir et refuse la Légion d'honneur. *« J'ai fait mon entreprise pour moi, je n'ai pas servi mon pays »*, répète-t-il.

Côté dépenses, la famille peut désormais tout se permettre et s'offrir le meilleur, mais le self-made-man n'a qu'une crainte : faire de ses fils des enfants pourris gâtés *« qui se baladent dans de belles voitures et traînent aux Deux Magots »*, l'un des cafés à la mode de Saint-Germain-des-Prés. Les enfants n'ont pas d'argent de poche, ils doivent faire des petits boulots pour le gagner. Jean-Charles se souvient encore de l'époque où il vendait du muguet aux portes des ateliers du groupe.

Le père possède un jet, roule en Porsche, profite de son aisance. Il a cependant établi une hiérarchie subtile pour le commun des mortels mais qui n'échappe pas au milieu des milliardaires dans lequel la famille évolue désormais. Pas de palaces même si on en a largement les moyens. À La Baule, la famille loge au Marie-Louise plutôt qu'à L'Hermitage, à Courchevel au Sherpa plutôt qu'au plus chic Carlina. Surtout rester discret et ne pas s'afficher. Ses héritiers le sont tellement qu'ils peuvent s'installer tranquillement boire un café en terrasse sans que quiconque les reconnaisse.

Même pour les loisirs, pas question de se relâcher. Au tennis, le père et les garçons ne se contentent pas de jouer quelques balles, il faut se mesurer dans des matchs, marquer des points, gagner. À la montagne, Jean-Claude les inscrit à toutes les compétitions de slalom pour ramasser des médailles.

Celui qui s'est débrouillé sans livres ni professeurs ne voit pas en revanche la nécessité de pousser sa progéniture à faire des études. Seul Jean-François décrochera une licence en droit et fera une école de commerce qui ne suscitera guère l'admiration de son père. Pour ce dernier, il n'y a que le terrain qui compte. Et les nécessités de l'entreprise. Il ne maîtrise aucune langue étrangère ? Qu'à cela ne tienne, il envoie ses héritiers potentiels défricher le monde à sa place. Jean-François n'a pas 23 ans qu'il se voit sommé d'aller prendre l'air, avec la mission d'installer l'entreprise à l'étranger et une seule consigne : « *Moi j'ai commencé avec un scooter et un pot de colle, démerde-toi !* » Jean-Claude glisse tout de même au passage le but véritable de cette mise à l'épreuve : « *Tu ne pourras pas te faire une place en France. Choisis où tu veux aller. Si tu réussis, tu pourras me succéder, si tu échoues, cela voudra dire que tu n'es pas fait pour ce métier, mais tu resteras mon fils.* » L'aîné a étudié la langue de Goethe au lycée, son choix est fait : il s'installe de l'autre côté du Rhin et conquiert l'Allemagne. Il se lancera ensuite à l'assaut de l'Angleterre où il vit toujours, puis des États-Unis... bref, du monde anglo-saxon.

Quelques années plus tard, son cadet Jean-Charles est envoyé en Espagne avec le même discours : « *Tu te débrouilles, comme ça je verrai si tu es bon ou mauvais.* » Enfants, cette décennie qui sépare les deux aînés leur a évité les rivalités habituelles qui minent parfois les relations, bien des années plus tard. En leur assignant un territoire distinct, Jean-Claude consolide leur fraternité et leur complémentarité. *« Un père entrepreneur est un grand chêne sous lequel rien ne pousse. Le nôtre disait : "J'ai un mauvais caractère, je ne veux pas l'imposer aux autres"*, se souvient Jean-Charles. *Il nous a émancipés en nous demandant de partir. »* Cinq ans plus tard, l'entreprise devient numéro un en Espagne.

Les deux frères aînés développent l'international pendant que le fondateur veille sur la France. Ils se partagent la carte du monde à la manière d'un jeu de société. En fonction de leurs tempéraments aussi. Jean-François, à l'image de son physique plus rugueux, gère les affaires à l'anglo-saxonne, avec méthode, impitoyable négociateur. *« Il est très direct et brutal comme l'était son père, mais aussi fair-play et beau joueur. Ça ne le gêne pas de dire : "Je me suis trompé", ce qui est assez rare dans le monde des affaires »*, constate Gérard Degonse qui préside le conseil de surveillance du groupe. Jean-Charles, le Latin, aussi déterminé, mais plus souple et souriant – le préféré de son père croient savoir certains, le plus connu aussi, celui qui porte les initiales du créateur de l'entreprise –, a la réputation d'être plus empathique que son aîné. Grâce à ses talents de persuasion, c'est lui qui a accompli la prouesse de remporter le marché chinois, le plus important à ce jour. *« Pour comprendre leurs différences, il n'y a qu'à voir les sports qu'ils pratiquent*, décrypte Gérard Degonse. *Jean-*

François joue au polo qui est un sport brutal, Jean-Charles fait de la voile, c'est un skipper, il navigue en finesse, va chercher le vent, prend la décision au bon moment. Les deux aiment la compétition, mais l'abordent différemment. »

En 1999, un véritable tournant s'opère avec le rachat d'Avenir, le numéro un de l'affichage dans les transports notamment avec les supports 4 × 3. Pour financer cet achat, il faut entrer en Bourse. Le père est réticent, mais choisit de faire confiance à ses fils : *« C'est votre histoire, maintenant. J'ai assez d'argent. Si vous ratez, ça ne changera pas ma vie. Par contre, si vous réussissez, ça changera la vôtre. »*

C'est un succès. Voilà le fondateur rassuré. Il l'énonce sans fard, à sa manière, dans *Paris Match*, en 2001 : *« Je suis heureux que cette maison que j'ai bâtie ne soit pas engloutie par trois tocards fils à papa. »* Ce qu'il ne dit pas, c'est l'urgence qui le tenaille désormais. À l'occasion d'un examen médical, il a appris qu'il était atteint d'une dégénérescence d'un lobe du cerveau. Pour cet homme qui a veillé toute sa vie sur sa santé et fait de sa forme physique l'un de ses atouts d'entrepreneur, c'est un redoutable coup. *« Quand il a su que c'était irréversible, il a décidé de régler sa succession »*, se rappelle son frère Jean-Pierre. *« Ça a été douloureux pour lui de passer la main, mais il était convaincu que c'était la meilleure décision pour l'entreprise »*, affirme de son côté Jean-Charles. Preuve, s'il en était besoin, de sa volonté dynastique et de sa prévoyance : à l'âge de 40 ans, alors qu'il est en pleine forme, Jean-Claude Decaux avait déjà cédé la nue-propriété de son groupe à ses trois enfants.

Comment faire lorsqu'on a trois garçons dans l'entreprise ? Le père propose d'abord à son aîné de lui laisser les commandes. « *Jean-Charles a fait un excellent travail, il a construit quelque chose, je ne vois pas pourquoi je prendrais seul la lumière* », lui rétorque Jean-François. Il propose l'idée de coprésidence. Une solution inédite, pratiquement jamais vue à la tête d'une société mais que le père accepte. « *Two heads are better than one* », sera leur slogan pour leur campagne d'introduction en Bourse en 2001. Les deux frères ont cependant décidé de garder chacun leur zone géographique et de continuer à jouer sur leurs atouts. Leur but : développer, développer, développer. « *Nous ne sommes pas des héritiers, nous sommes des entrepreneurs* », martèlent-ils. « *Mes oncles et mon père travaillent jour et nuit. Leurs vies, comme celle de mon grand-père, sont dédiées à l'entreprise* », abonde une des petites-filles du patriarche, Alexia.

Être à la hauteur de ce père tant admiré est une obsession qui ne semble jamais les quitter. Jean-Claude le conquérant rêvait de poser ses Abribus sur la Ve Avenue, au cœur de Manhattan. La réglementation new-yorkaise l'en a empêché si longtemps qu'il avait fini par renoncer. Ses fils n'ont de cesse de relever le gant. Une fois le premier mobilier Decaux installé sur la plus prestigieuse avenue de Manhattan, les trois garçons offrent à leur père un cliché encadré du fameux Abribus avec cette inscription : « *Tu en as rêvé, tes fils l'ont fait.* »

Dans ce tableau idyllique dressé par tous, il y a pourtant une légère zone d'ombre. Elle porte le prénom de Jean-Sébastien, le petit dernier, dont les proches de la famille disent pudiquement qu'il n'a jamais eu la même niaque que ses frères. Jean-Sébastien, dont le père avait pressenti qu'il serait le plus difficile à convaincre de suivre la famille dans l'implacable engagement Decaux. Jeune, il se montre plus dilettante que ses frères, aime les sorties et les copains quand ses aînés ne vivent que pour le travail. Il émet l'idée de tenter le concours de Sciences Po. *« D'accord,* lui répond son père, *mais si tu échoues, promets-moi d'aller faire ton service militaire dans les chasseurs alpins : tu vas voir ce que c'est que la vie. »* S'aguerrir à la dure, il n'y a pas pour ce patron exigeant d'autre façon de construire un homme. Jean-Sébastien rate son examen et s'engage. Le service militaire obligatoire a déjà été aboli par Jacques Chirac. Il se retrouve volontaire au milieu de jeunes défavorisés, d'enfants d'ouvriers ou d'artisans qui se demandent bien ce qu'un Decaux vient faire dans leur régiment.

À son retour, son père lui propose de l'aider à trouver un job à l'extérieur du groupe, en lien avec sa passion, la nature. Le dernier de la fratrie se sent piqué : *« J'ai compris qu'il envisageait que je ne rejoigne pas l'entreprise et cela m'a titillé »*, reconnaît-il aujourd'hui. Il demande à tenter sa chance dans le groupe.

Le benjamin choisit d'aller faire ses classes en Italie. Jean-Sébastien doit faire ses preuves non seulement aux yeux de son père, mais aussi de ses frères. « *C'est un bosseur avec un petit "b", pas un grand,* cingle alors Jean-François dans *Paris Match* en 2001. *Il faut qu'il gagne très vite les villes de Milan et Rome sinon il n'aura pas de place pour lui au top, c'est clair.* » On ne plaisante pas chez les Decaux. Ni faveurs ni passe-droits.

Jean-Sébastien se plie aux injonctions familiales. Il a compris depuis longtemps qu'on ne lui ferait pas plus de cadeaux qu'aux autres. Quand, lors d'un séjour à Los Angeles, il appelle son père pour lui dire qu'il a besoin d'une voiture, ce dernier lui répond sèchement : « *Je ne veux pas entendre parler de tes problèmes de logistique, trouve-toi un petit boulot si tu as besoin d'une voiture.* » Il s'installe en Italie et développe le marché transalpin, enchaîne avec la Belgique et le Luxembourg, l'Afrique et Israël. Vingt années à suivre bon an mal an le chemin tracé par ses aînés. En 2019, il décide d'arrêter les frais pour se consacrer aux activités philanthropiques de la famille, tout en restant étroitement associé aux décisions du groupe.

Le dernier des Decaux se passionne pour la revitalisation des territoires et des artisanats, a racheté une vieille confiserie en Italie où il vit avec sa femme et ses enfants. « *Ça lui plaît plus que les Abribus, il a toujours préféré la nature au business* », constate son oncle Jean-Pierre. Dernièrement, il a organisé, dans la salle de cinéma qui jouxte la salle à manger, une projection privée de *La Panthère des neiges* en compagnie de l'équipe de tournage et de l'écrivain Sylvain Tesson, soulignent aimablement ses frères comme s'il avait conquis un nouveau marché. Pour le reste, c'est assez flou. Il ne faudra pas compter sur le petit dernier pour suivre les traces de son père, qui avait coutume de dire à ses proches : « *Je mourrai au bureau.* »

Sur ce point comme sur d'autres, JC Decaux a presque tenu parole. Les salariés du groupe ont vu jusqu'au bout sa silhouette, alors usée par la maladie, prendre chaque jour l'ascenseur qui le conduisait à son bureau. La veille de sa mort, il y était encore, enfermé pour se cacher des regards et dormir. « *C'était très triste, mais il n'aurait pas pu supporter de rester chez lui* », explique son frère Jean-Pierre.

Avant de mourir, le grand patron avait clairement signifié son désir de prolonger la dynastie familiale. Ses trois fils ont aujourd'hui neuf enfants, de 4 à 36 ans. Ils sont élevés selon les valeurs familiales : argent de poche limité, éducation stricte et valeur travail au centre de tout. Si Alexia a fait plusieurs stages au sein du groupe, son père Jean-François l'a incitée à aller travailler ailleurs : « *Il m'a dit de me débrouiller, il ne m'a pas aidée à chercher du boulot, il ne veut pas que l'on soit des filles à papa. On ne cède pas aux caprices des enfants chez nous, j'éduque d'ailleurs les miens de la même façon.* » « *Notre père a créé l'entreprise, notre génération l'a développée à l'international, la troisième doit inventer autre chose* », estime Jean-François.

Leur propre succession n'est pas pour demain, mais le tandem de tête y pense déjà. « *Deux solu-*

tions s'offriront à nous, analyse l'aîné de la fratrie : *soit la famille prendra de la hauteur et des gestionnaires extérieurs reprendront les rênes, soit un de nos enfants se détachera.* » On devine aisément sa préférence.

9.

Les Gallimard, le roman vrai des pères, des fils… et des filles

À chaque assemblée générale des éditions Gallimard, la direction du groupe reçoit une épaisse lettre recommandée venue de Suisse. Son contenu ne varie guère, année après année : l'expéditeur passe au crible les comptes, critique les choix, remet en cause les audits et la stratégie, distribue les bons et surtout les mauvais points.

Les cinq parts que détient ce petit actionnaire ne lui donnent pas droit à grand-chose, si ce n'est d'avoir accès aux documents comptables du groupe et de dire ce qu'il en pense. Inutile de préciser qu'il n'a jamais reçu aucune réponse à ses courriers. Cet homme, qui réunit tous les ans un comptable et un commissaire aux comptes pour décortiquer pendant des jours les papiers qu'il reçoit de Paris, s'appelle Christian Gallimard. Il est le frère aîné d'Antoine, le patron de la prestigieuse maison, premier éditeur indépendant aux 40 000 titres, aux 9 000 auteurs et aux 260 collections littéraires.

Dans ce roman vrai qu'est l'histoire des Gallimard, Christian, 77 ans, joue le rôle du fils préféré désormais maudit. C'est lui qui avait d'abord été choisi par leur père Claude pour lui succéder. C'est encore lui qui a ensuite été violemment écarté du pouvoir, en 1984, au profit de son cadet, Antoine. Depuis cette date qui a signé l'éclatement de la famille, les deux frères ne se sont plus jamais adressé la parole. Aux obsèques de leur père, en 1991, ils se tenaient chacun de part et d'autre du cercueil, sans s'échanger le moindre regard.

Une fratrie qui se déchire si violemment ne raconte pas seulement un conflit d'héritage. Elle dit aussi un clan prêt à assumer les pires violences pour faire perdurer son nom.

Christian, Antoine, autant de points communs que de différences irréconciliables. Nous avons rencontré les deux hommes. Le premier, vêtu d'une veste de chasse brune, est venu spécialement nous voir à Paris où il n'avait pas mis les pieds pendant trois ans. Depuis sa répudiation, il vit à Genève où il a fait construire chez lui une immense bibliothèque qui abrite douze mille ouvrages, ceux de son père et de son grand-père, son héritage, un trésor qui lui donne l'illusion de faire encore partie de la famille. En Suisse, il a rebâti une maison d'édition qui publie notamment la série à succès pour enfants *Max et Lili.* Il l'a baptisée *Calligram,* une anagramme de Gallimard. On ne se débarrasse pas si facilement de son passé…

Le second, Antoine, nous a accueillies en fin de journée à l'abri des regards, dans son bureau de la rue Gaston-Gallimard, aux murs recouverts de volumes de la Pléiade, au sein de cet immeuble hanté de fantômes prestigieux, de Marcel Proust à Aragon, d'André Gide à Céline, de Sartre à Camus, Faulkner ou Nabokov. Un temple consacré à la littérature et aux sciences sociales, un fleuron de la culture française sur lequel règne sans partage et avec succès « Antoine », comme on l'appelle, simplement, ici.

Christian et Antoine ont vécu la même enfance dorée, avec leur sœur aînée Françoise, et Isabelle, la petite dernière. Ils partageaient le grand appartement, situé rue de l'Université, à deux pas de la maison d'édition fondée en 1911 par leur grand-père Gaston. Leurs parents, Claude et Simone Cornu, dont le père fut secrétaire d'État à la Culture, y hébergeaient le temps de quelques nuits les écrivains Milan Kundera ou Jean-Marie Le Clézio.

Gaston, qu'ils allaient voir dans son bureau en sortant de l'école, les a couvés et gâtés, les emmenant déjeuner au Grand Véfour ou chez Lasserre. À chacun, il offrit une voiture pour ses 18 ans. Christian, le préféré, reçut en plus d'une Fiat 1200 un bateau. Les week-ends se déroulaient à Pressagny-l'Orgueilleux, près de Vernon, où les Gallimard ont acquis plusieurs maisons dans lesquelles Paul Morand arrivait au volant de sa Torpedo et où Roger Nimier, Jean Giono ou Cioran avaient leurs ronds de serviette. L'été, la famille se languissait sous le soleil de la Côte d'Azur à la *Balandrane*, la belle demeure acquise par Gaston à la Croix-Valmer. Les enfants jouaient au tennis et pratiquaient la voile. *« Nous étions des privilégiés »*, reconnaît aisément Christian Gallimard.

Christian et Antoine ont en commun ce physique

de *« bon meunier »*, ainsi que Jean Cau décrivait leur grand-père Gaston. Des hommes solides aux visages ronds et empourprés, qui les font ressembler davantage à des travailleurs des champs qu'à l'aristocratie intellectuelle dont ils sont les parangons. Des personnalités déterminées, que l'on devine implacables, secrètes et indéchiffrables, fuyant les mondanités et détestant parler d'elles-mêmes. C'est donc avec difficulté qu'ils ont accepté de nous raconter chacun leur version de la guerre de succession fratricide qui les a opposés.

S'ils sont d'accord sur un point, c'est qu'ils ne se sont jamais appréciés. *« Même enfants, nous ne nous entendions pas,* se souvient Antoine. *Nous n'avons jamais eu aucun atome crochu, aucune vie affectueuse ou familiale commune. Nous nous sommes éloignés davantage encore avec Mai 68 : je fréquentais le Mouvement du 22 mars alors que mon frère soutenait de Gaulle. »*

Mais dans cette famille qui a, depuis plusieurs générations, une haute opinion d'elle-même, on ne s'arrête pas à cela. *« Chez nous, dès qu'on sait lire, on est programmé pour entretenir la lignée. Ça ne se décide pas à 18 ans, mais à cinq. Quand on porte le nom des Gallimard, on entre chez Gallimard »*, résume Christian. C'est donc tout naturellement que leur père Claude a fait venir ses quatre enfants dans la maison d'édition. *« Travailler avec lui allait de soi, il n'était pas nécessaire d'en parler,* nous explique Isabelle, la benjamine. *À l'adolescence mon père nous a demandé de cesser de l'appeler "papa" pour "Claude". C'était un moyen de nous préparer. »* Françoise, l'aînée, devient responsable de la littérature anglo-saxonne. Christian rejoint l'entreprise en 1968 et en devient rapidement numéro deux. Antoine arrive à son tour au service juridique, puis Isabelle aux cessions de droits.

Question d'époque sans doute, Claude ne songe pas un seul instant à faire de sa fille Françoise son successeur, bien qu'elle soit l'aînée. « *Dans cette famille, les femmes sont certes très aimées, mais pas toujours bien traitées,* confiait leur mère Simone au *Figaro* le 7 février 1990. *Je me souviens qu'on disait pour Françoise : "Il faut qu'elle sache taper à la machine." Claude a été un père merveilleux, mais il a privilégié ses fils.* » Plus de trente ans plus tard, toute vêtue de rouge et son chien à ses pieds, dans son bureau du Mercure de France qu'elle dirige aujourd'hui, Isabelle acquiesce : « *Chez nous, on ne poussait pas les filles à faire des études, on pensait qu'elles allaient trouver un mari.* »

D'emblée, Claude n'a d'yeux que pour son fils aîné, diplômé en économie et doté d'une âme d'entrepreneur. « *Son grand amour, ce ne sont ni ses autres enfants ni moi, c'est son fils Christian,* expliquait Simone dans la même interview. *Il a eu un amour-passion, comme on en voit rarement entre père et fils, un genre de Père Goriot. Il a mis son fils en selle très jeune et très vite, très tôt, trop. Il avait 20 ans et il était le roi.* »

Pendant que son frère s'investit dans l'entreprise familiale, Antoine mène la dolce vita. Après avoir raté Normale-Sup, il s'inscrit à Assas, se rêve un temps journaliste et livre quelques piges à *Paris-*

Normandie. De retour à Paris, en 1973, il rejoint l'entreprise par la petite porte, avant de diriger la collection L'Imaginaire. Il lui faudra attendre 1979 pour que son frère Christian lui confie la collection de poche, Folio.

À cette époque, personne n'imagine Antoine en successeur, pas même lui : « *J'ai eu la chance de ne pas être l'aîné,* nous confie-t-il. *Cela a détourné de moi les pressions et les projections de la famille.* » Le jeune homme qu'il était alors, il le décrit ainsi : « *Solitaire, timide, amoureux de la nature. Je pensais que travailler trop n'était pas forcément une bonne chose.* » Pendant qu'Antoine cultive son dilettantisme, aime les jolies filles et les belles décapotables, flirte avec les situationnistes de Guy Debord, Christian s'épuise à chercher de nouvelles sources de profits. Il décide d'informatiser la maison, de créer une filiale audiovisuelle avec Gaumont, souhaite lancer la vente par correspondance. Surtout, il désire avoir les mains totalement libres. « *Pour faire des choses intéressantes, il faut avoir le pouvoir* », explique-t-il aujourd'hui parlant si vite que les mots se bousculent : il semble avoir encore tant de choses à dire.

Claude nourrissait un amour fou pour ce fils façonné à son image. Mais maintenant qu'il mesure son impatience et son envie de modernité, maintenant qu'il observe cette façon brutale et arrogante de bousculer les habitudes sans se préoccuper d'être aimé des tenants de la maison, il se sent menacé. « *Il fallait aller vite, je n'avais pas le temps de prendre des pincettes,* reconnaît Christian Gallimard. *Je me suis fait plein d'ennemis. Je m'étais mis le chef de la fabrication et le directeur financier à dos. Ils se sont dit : "Jusqu'où va-t-il aller ?"* » Il soupçonne aussi la seconde épouse de son père, Colette Duhamel, de monter Claude contre lui pour mieux placer son fils Olivier.

Toujours est-il que Claude profite d'un investissement malheureux de son fils à Lyon pour s'en débarrasser du jour au lendemain. Comme on punit un enfant, il lui ordonne de quitter son bureau pour s'installer au grenier. La famille pense à une brouille passagère. Le fils chéri peine à croire en sa disgrâce. Humilié, il part à Genève avec son épouse et leur premier enfant, les valises sur le toit de la voiture. Georges Kiejman, l'avocat de la famille, a dû intervenir auprès de Claude pour qu'il laisse au moins sa vieille bagnole à Christian. Il voulait tout lui prendre.

Le choc est si brutal que le fils rejeté pense que son père va le rappeler pour s'excuser et lui demander de revenir. Ce dernier reste inflexible. *« Christian allait avoir 40 ans, il a manqué de patience et de politesse envers son père, il l'a trop bousculé,* estime sa mère Simone en 1990. *Il se croyait indispensable, mais on peut se passer de tout le monde. » « Claude avait trop souffert d'avoir été mis en rivalité avec son propre cousin pour supporter que son fils se conduise en sultan,* analyse aujourd'hui un proche de la famille. *Les Gallimard ne supportent pas qu'on leur fasse de l'ombre, même s'ils fuient la lumière. »*

Elle est probablement là, la clé pour comprendre ce reniement digne d'une tragédie grecque : Claude ne pouvait pas être humilié une nouvelle fois. Car lui non plus, pourtant fils unique de Gaston, n'était pas l'héritier souhaité.

Dès 1919, Gaston a fait entrer son frère Raymond dans l'affaire, lui confiant la gestion et l'administratif pendant qu'il s'occupe des auteurs et de l'expansion de l'entreprise. Raymond a un fils, Michel, et comme Gaston Gallimard n'envisage pas de travailler autrement qu'en famille, il a fait en sorte que son fils Claude et que son neveu Michel les rejoignent, en 1936 et 1941. Il faut imaginer ces quatre-là partageant le même bureau au premier étage de la rue Sébastien-Bottin du matin au soir. Le week-end, les voilà encore ensemble à Pressagny-l'Orgueilleux, avec dîner le dimanche soir dans un restaurant parisien pour parler boutique. C'est à quatre qu'ils redressent la maison, après avoir traversé la guerre avec une grande habileté, acceptant de confier la NRF au collaborationniste Pierre Drieu la Rochelle tout en protégeant des figures de la résistance intellectuelle autour de Jean Paulhan. Après guerre, le quatuor lance de nouvelles collections comme la Série noire, rachète les éditions Denoël, les éditions de la Table ronde et Mercure de France dont Simone, la première épouse de Claude, prend la direction.

Mais l'ambiance n'est pas toujours au beau fixe dans cet écrin du VIe arrondissement de Paris. Les deux cousins ne se ressemblent en rien et pour tout dire ne s'entendent pas. Claude a été élevé par sa mère, après le divorce de ses parents, et il est aussi timide et introverti que Gaston est truculent et plein d'audace. Michel, le fils de Raymond, soutient les indépendantistes algériens et devient la coqueluche des auteurs, qui vantent son charme et son érudition, quand Claude, plus pâlot, veille aux comptes. Tout naturellement c'est son neveu Michel, qui lui ressemble davantage, que Gaston veut voir lui succéder. Sa préférence est de notoriété publique, mais rien ne se passe comme prévu. En 1960, Michel décède à bord de sa Facel Vega, son meilleur ami, Albert Camus meurt à ses côtés sur une route de l'Yonne. Ravagé de tristesse, Gaston n'a plus le choix : c'est son fils Claude qui lui succédera. L'héritier du sang devient l'héritier légitime. *« La succession chez nous, c'est une histoire de destin »*, résume aujourd'hui Christian Gallimard.

Claude devra encore patienter jusqu'à la mort de son père en 1975. Comment succéder, à 62 ans, à un homme aussi charismatique que Gaston, capable de colères homériques, gérant son entreprise comme un épicier près de ses sous, ayant des relations passionnelles avec les écrivains et affichant avec fierté ses nombreuses conquêtes féminines ? Claude mettra du temps à se faire un prénom et ne régnera finalement que treize ans. *« Il était le type même du mal-aimé investi d'un pouvoir qui a failli lui échapper,* analyse un proche. *Il était intelligent, travailleur et tenace mais soupçonneux et extrêmement timide. Il avait une forme d'autoprotection permanente qui rendait ses relations froides et cassantes avec les autres. »* Autant de traits de caractère qui pourraient s'appliquer à son fils Antoine, *« un Anglais »*, sourit son ami l'avocat et auteur François Sureau.

Mais même quand ils n'ont pas été choisis, les Gallimard semblent être taillés pour le pouvoir. Quand son père écarte Christian, Antoine comprend qu'il doit saisir sa chance et reprendre le flambeau. Il sait qu'il est le second choix et, comme s'il n'avait rien à perdre, se prépare à un conflit familial aussi sanglant qu'inévitable : *« Je n'avais pas le choix. Ne pas bouger, c'était faire faillite. »* La querelle prend un tour encore plus âpre trois ans plus tard. Le 24 juin 1987, Françoise s'étonne de recevoir un bouquet de fleurs de son plus jeune frère pour son anniversaire. Cette attention, si rare de la part d'Antoine, ne lui ressemble pas. Deux mois après, elle y voit plus clair : son frère n'a-t-il pas cherché à l'attendrir ? Lors de l'assemblée générale de l'entreprise, Françoise, Christian et Isabelle découvrent qu'Antoine a acquis, en plus des 12,5 % des parts que chacun possède à parité, 13 % supplémentaires, cédées par son père dans le plus grand secret. Une déflagration. Les Gallimard sortent de leur traditionnelle réserve pour s'écharper au grand jour. Menaces de procès, tractations entre avocats, le climat devient délétère. Alors qu'en mars 1988, Claude annonce prendre du recul et laisser la direction à son second fils, le grand déballage commence et les pudeurs explosent. Françoise prend la parole dans *Paris Match* pour réclamer *« l'équité, c'est-à-dire une répartition de ces 21 % supplémentaires acquis en quatre ans par Antoine »*. Un an plus tard, de son exil suisse, Christian donne une interview fracassante au *Nouvel Observateur* en accusant son frère d'avoir tout bonnement *« détruit les deux clés de la dynamique Gallimard : la famille et le comité de lecture »* garant de la qualité des publications. Il lui reproche également d'avoir renforcé son pouvoir au sein du capital par des *« transferts d'actions artificiels »*.

Mis en cause dans son honnêteté, Antoine réagit avec un sang-froid impressionnant. Il rassure les grandes plumes de la maison, terrorisées de voir la marque Gallimard disparaître, notamment depuis que Françoise a annoncé, en 1990, la vente de ses propres parts évaluées par une banque américaine à 1,8 milliard de francs, et que Christian menace également de vendre les siennes. Isabelle, la petite dernière, préfère de son côté rester *« en dehors de tout ça »*. Elle est, aujourd'hui encore, la seule de la famille à garder des relations avec l'ensemble de ses frères et sœurs. La seule aussi à avoir conservé sa maison à Pressagny avec Antoine, quand Françoise et Christian se sont débarrassés des leurs. *« J'ai l'esprit de famille,* dit-elle dans un sourire un peu triste. *C'était une époque très désagréable, je ne veux plus penser à tout ça. »*

« Tout ça », c'est une famille qui n'en finit plus de se déchirer. Lorsque Claude meurt en 1991 de la maladie d'Alzheimer, la guerre de succession devient plus terrible encore. Christian conteste les décisions passées prises par son père, qu'il attribue à des troubles du discernement. Antoine agite le spectre d'une perte d'indépendance de l'entreprise autour de laquelle rôdent déjà des prédateurs attirés par l'odeur du sang, comme Francis Bouygues,

Robert Maxwell et le groupe Chargeurs, propriété de Jérôme Seydoux. Rusé et stratège, il obtient le soutien d'écrivains emblématiques comme Marguerite Duras, Michel Butor, Milan Kundera ou Michel Tournier qui signent ensemble une tribune pour rappeler la famille à la raison. Ils craignent une vente, sans savoir encore si Antoine Gallimard a les atouts pour sauver la maison.

La situation de Gallimard préoccupe jusqu'au plus haut sommet de l'État. François Mitterrand, féru de lettres et proche de Georges Kiejman, l'avocat de la maison d'édition, s'en mêle directement. Le président demande à la BNP de racheter les parts de Françoise, Christian et Isabelle, et aide au montage d'un pacte d'actionnaires très favorable à Antoine avec l'entrée d'Einaudi et d'Havas, en interdisant aux nouveaux actionnaires de se racheter mutuellement leurs parts.

Comme pour clôturer le drame, Simone Gallimard livre son analyse psychologique dans son interview au *Figaro* en 1990. Est-ce sa fréquentation des écrivains ? Elle parle de ses fils comme un romancier de ses personnages, sans se préoccuper qu'ils soient aussi des êtres de chair. « *Antoine, sans le savoir, a dû souffrir de la préférence de son père pour Christian. Et Christian a eu un grand tort, son seul tort : il n'a pas vu Antoine,* dit-elle sans fard. *Il ne l'a pas méprisé, il ne l'a pas écrasé, il n'a pas été méchant. Il ne l'a pas regardé.* » Pour le reste, la réconciliation dont elle rêve n'a rien à voir avec les sentiments : « *Je ne leur demande pas de s'aimer mais de travailler ensemble. Je ne leur demande pas d'être heureux.* » Mesure-t-elle ce qu'une telle phrase a de terrible ? Même divorcée, Simone a intériorisé l'idée que la perpétuation de l'entreprise est plus importante que le bonheur individuel de ses propres enfants.

Les premiers pas d'Antoine, ce successeur inattendu, sont scrutés avec inquiétude. Elle ne dure pas longtemps. Le nouveau PDG se glisse immédiatement et avec aisance dans les habits du pouvoir. « *Il est devenu patron d'un coup, avec audace !* », se souvient admiratif Erik Orsenna qui l'a connu à l'âge de 19 ans. Tenace, fier, méfiant et prudent, mais capable de choix risqués, il remet rapidement la maison sur les rails. Il sait bien s'entourer et fait venir d'Italie en 1989 l'éditrice Teresa Cremisi, avec laquelle il multipliera les bons coups. La publication de Harry Potter et ses 26 millions d'exemplaires vendus renflouent les caisses de l'entreprise et permettent à Antoine de racheter des actions, jusqu'à récupérer la quasi-totalité du capital au sein d'une holding familiale baptisée Madrigall, encore un anagramme de Gallimard.

Son père avait marqué l'histoire de la maison en se libérant du groupe Hachette et en créant son propre réseau de distribution ; lui bâtit un véritable petit empire. En 2012, un an après la célébration du centenaire de l'entreprise, il rachète Flammarion pour 250 millions d'euros et, pour soulager sa dette, fait entrer un an plus tard LVMH au capital avec une participation de 9,5 %.

Comme s'il assumait enfin totalement la charge dont il a hérité, Antoine Gallimard est, depuis un an, sorti de sa discrétion viscérale pour se faire le porte-voix de l'édition indépendante face à la mainmise de Vincent Bolloré sur le groupe Lagardère.

Le patriarche, patron de la maison d'édition, a aujourd'hui 75 ans et quatre filles : Charlotte, Laure, Margaux et Louise, nées entre 1980 et 2002. Quatre héritières. Pourtant, de sa succession, il ne parle jamais, même à ses plus anciens amis. Tout juste confie-t-il qu'il a transmis à ses enfants, au début des années 2000, la nue-propriété de l'entreprise au cas où il serait *« écrasé par un bus »*. *« Le reste est un grand mystère, un non-sujet »*, confirme Isabelle qui jure ne pas connaître les intentions de son frère.

Ce taiseux est, pour l'instant, plus que jamais à la barre. C'est simple, il dirige tout, s'occupe de tout, supervise tout jusque dans les moindres détails : couverture d'un livre de poche, titre d'un livre, bandeau, date de sortie, rien ne lui échappe. Et personne ne le contredit lorsqu'il impose par exemple la publication dans la Pléiade de l'œuvre de Jean d'Ormesson, qui fait tousser beaucoup de puristes de la littérature.

Antoine ne quitte le navire amiral de l'entreprise que pour rejoindre son voilier. Il navigue en Bretagne ou beaucoup plus loin dans les mers chaudes, un sport passion qui raconte quelque chose de lui, à la fois technique et intuitif, exigeant et nécessitant peu de mots. Personne ne sait ce que cet homme secret a précisément en tête pour l'avenir. Une chose est certaine, il a prodigué à ses filles l'éducation dont il a hérité : dans le culte d'une maison dont la grandeur les dépasse, dans l'espoir que son aura attirera d'elle-même les nouvelles générations...

Depuis dix ans, date de la nomination de son aînée Charlotte à la tête de Casterman, Antoine multiplie les signes d'intégration de ses filles dans l'entreprise. Charlotte a fait son entrée au sein du prestigieux comité de lecture de Gallimard, même si, comme sa tante Isabelle, personne n'y a jamais entendu le son de sa voix.

Laure, née en 1983, s'occupe des partenariats et de la papeterie. Margaux, née en 1988, passionnée de cinéma, dirige depuis 2021 la collection L'Imaginaire, qu'avait dirigée son père à ses débuts. Elle charme ceux qui la croisent par son intelligence, son goût pour la littérature et son intérêt pour les débats de l'époque. Pourtant, curieusement, son père ne semble pas la considérer comme un successeur possible : « *Elle est brillante, originale, créative, mais le cinéma l'intéresse davantage que de diriger une maison d'édition,* tranche-t-il. *Elle n'est pas dans la course.* » La petite dernière, Louise, née d'un second mariage avec une psychologue, Juliette Leygues, s'est engagée dans des études scientifiques et ne l'est pas davantage.

Les trois aînées accompagnent leur père dans des manifestations officielles du groupe. En revanche, il ne les emmène pas rencontrer les écrivains avec lui : « *Je ne veux pas qu'elles aient l'air sous tutelle,* justifie-t-il. *Elles se construiront leurs relations elles-mêmes. L'enjeu est qu'elles se débrouillent.* » Quitte à susciter des inquiétudes parmi les cadres de la maison qui constatent qu'aucune des filles n'est aujourd'hui en mesure de prendre la suite. Charlotte semble la mieux placée, mais pas plus que ses sœurs elle n'est au cœur du réacteur, la littérature et la mythique collection blanche aux trente-huit prix Goncourt. « *Elles n'ont pas les épaules,* tranche sans ménagement Christian, cet oncle maudit qui ne les connaît pas. *Seul Bernard Arnault peut lui succéder, c'est le grand arbitre, ce n'est pas par hasard qu'il est à la fois dans le capital de Lagardère et dans celui de Gallimard* », assène-t-il comme s'il préférait encore la perte de contrôle de la famille plutôt que de voir son frère triompher à travers sa descendance.

Plus que la menace d'une éventuelle prise de contrôle extérieure, Antoine Gallimard semble surtout hanté par la crainte de brusquer les choses et de susciter des rivalités entre ses filles. « *Je veux créer les meilleures conditions pour qu'elles progressent et reprennent l'entreprise sans friction,* assure-t-il. *Je n'ignore pas, à cause de mon propre passé, que les histoires de famille peuvent être des grenades qui explosent. J'y vais donc avec précaution.* » Comme bien des hommes de pouvoir, il n'est pas prêt à lâcher le poste de commandement et, malgré ses 75 ans, se voit continuer des années encore. « *Quand je le sentirai, je me mettrai plus en retrait… tout en restant dans les parages pour les aider.* »

10.

Les Peugeot : quand la famille lâche le volant

Paris-Montbéliard, deux heures quarante de TGV vers l'est. Quelques minutes avant d'arriver, le paysage s'est transformé comme si l'on avait feuilleté à grande vitesse un de ces vieux manuels scolaires d'histoire et de géographie. D'abord, ont surgi, en toile de fond, les montagnes du Jura qui séparent la France de la Suisse, à peine à vingt kilomètres de là. Puis une succession de villages austères, où l'on devine toujours un temple protestant à trois pas de l'église. Enfin, étalées sur des hectares de zones autrefois marécageuses, les usines automobiles de Sochaux, situées à quelques minutes de la gare, qui façonnent le décor et les hommes depuis plus d'un siècle. Le symbole de la puissance d'une famille qui a frôlé la faillite en 2012 après des décennies d'expansion spectaculaire.

Thierry Peugeot retourne tous les week-ends à Sochaux, comme son père le faisait avant lui. *« Je pars là-bas avec mes soucis, j'en reviens avec des solutions »*, s'enthousiasme-t-il comme s'il se rendait en vacances au bord de la mer. Il y a repris l'une des nombreuses maisons construites au siècle dernier par ses ancêtres, un de ces gros manoirs aux murs épais que les gens du coin appellent encore *« les châteaux Peugeot »*. Il possède aussi, un peu plus loin vers l'Alsace, une chasse où industriels, notables, enfants et neveux viennent tirer sangliers et chevreuils.

À peine arrivé sur le parking de la gare, où il laisse toujours une voiture, son regard s'agite, pour balayer les véhicules qui y stationnent… Ce repérage furtif, presque tous les membres de la famille Peugeot l'ont eu devant nous. Vérifier la marque des voitures est *« une obsession »*, reconnaissent-ils facilement, comme si sans cesse et partout ils entendaient l'interpellation silencieuse de leur nom devenu mondialement connu. À la terrasse du restaurant Laurent, la table favorite du monde des affaires, située à deux pas de l'Élysée, où son cousin Robert nous avait donné rendez-vous quelques jours auparavant, un simple signe avait suffi pour que le serveur apporte à ce prestigieux habitué le moulin à poivre signé Peugeot. *« On fait de très beaux vélos électriques, vous savez… »*, avait aussi glissé pudiquement un autre membre de la famille en regardant la vieille bicyclette que nous détachions devant lui.

Mais ce sont les voitures qui occupent toujours l'esprit des membres de la famille. Les Peugeot bien sûr, mais aussi depuis leur rachat en 1976, les Citroën. À l'époque, la dynastie protestante contrôlait encore la majorité de Peugeot société anonyme (PSA), ce fleuron automobile européen.

Aujourd'hui, PSA n'est plus qu'un morceau de Stellantis, qui englobe aussi Fiat et Chrysler. Ainsi composé, le groupe n'a jamais été aussi puissant, mais la famille Peugeot n'en contrôle plus que 7 %. Il n'empêche, le réflexe est resté. *« Tiens, le président a pris sa DS 7 Crossback... »*, a remarqué négligemment Marie-Hélène Peugeot, la sœur de Thierry, alors que sur un écran, au fond du café où nous nous étions retrouvées, défilaient des images d'Emmanuel Macron dans sa nouvelle voiture blindée. Voir une personnalité utiliser un véhicule de la marque est un immense motif de fierté. C'est parfois un sujet d'effroi. Le 7 janvier 2015, alors que la France entière découvrait horrifiée les images de la fuite des frères Kouachi, juste après leur attentat sanglant contre *Charlie Hebdo*, une demi-douzaine de membres de la famille avaient échangé des textos atterrés : *« Ils sont au volant d'une Citroën C3 ! »*

Neuf générations hantées par l'automobile... Et en vérité, bien au-delà. En regardant les paysages défiler par la fenêtre de la voiture de Thierry Peugeot, on comprend aisément que c'est toute une région qui a été façonnée un siècle durant par cette histoire industrielle autant que familiale. Ne disait-on pas ici après guerre : *« Ici, règnent les trois P : Puritanisme, Protestantisme, Peugeot. »*

Impossible de ne pas remarquer ces énormes usines qui ont fait vivre tout un pays. Identifiables même par un novice, avec leurs alignements de béton et de fenêtres. Dans les années 70, à Sochaux, 40 000 ouvriers travaillaient pour *« la Peuge »*, adhérant généralement au syndicat maison. Ils sont moins de 9 000 aujourd'hui, mais l'expression est restée. Les anciens sont encore là pour se souvenir de cette époque où l'on bossait Peugeot, on roulait Peugeot, on se distrayait Peugeot. Le club de foot était financé par la famille, dont l'un des représentants descendait toujours sur le terrain saluer les joueurs avant les grands matchs.

On votait Peugeot, aussi. La figure politique locale, Louis Souvet, un RPR grand teint, sénateur et maire de Montbéliard, imprimait ses tracts de campagne dans les usines, où il tenait ses principaux meetings. Au Sénat, il siégeait évidemment au sein du groupe d'études sur l'automobile, histoire de défendre au mieux les intérêts de la famille. Lorsqu'en 1993, le socialiste Pierre Moscovici avait été parachuté pour tenter de conquérir un simple canton, il n'avait pas vraiment mis les chances de son côté. Pas tant parce qu'il était de gauche ou à cause de son CV d'énarque parisien. *« Je n'avais pas le permis de conduire,* confesse-t-il aujourd'hui, *et le soir du premier tour, le camarade socialiste qui m'avait raccompagné roulait en Audi... »*

Huit ans plus tard, tentant cette fois de prendre la mairie de Montbéliard, Moscovici avait retenu quelques leçons. Il savait désormais qu'il était inutile d'espérer être élu dans la ville sans la présence d'un cadre du groupe dans son équipe. Il était donc allé voir Pierre Peugeot, le père de Thierry, pour lui demander de laisser l'un de ses ingénieurs figurer sur sa liste. *« Louis Souvet nous a rendu de grands services, nous pensons qu'il doit faire un nouveau mandat »*, avait répondu inflexible le président du conseil de surveillance de PSA. Une autre époque, où les Peugeot étaient faiseurs de rois… Aujourd'hui, à Sochaux, Montbéliard et les environs, les anciens ouvriers votent massivement pour le Rassemblement national.

Ce retour dans l'histoire avec Thierry Peugeot a des allures de tournée des grands ducs version protestante. Il nous fait visiter le Centre d'archives des Peugeot, avec ses impressionnants dessins industriels de la fin du XIXe siècle, installé dans un bout de l'usine désaffectée de Terre-Blanche dont les milliers d'hectares attendent encore un repreneur. Petit arrêt devant les grilles du gros manoir de *« l'oncle Roland »*, qui abrite aujourd'hui le centre d'entraînement du FC Sochaux, désormais propriété du groupe chinois Nenking. Puis, on serpente entre les tricycles à vapeur, de sublimes coupés des années 50 et les concept cars futuristes réunis dans le « musée de l'aventure Peugeot », passage obligé des enfants des écoles et des familles de la région. Déjeuner dans la petite brasserie du musée, entourés de dizaines de voitures de toutes les époques, de vélocipèdes, de motos et de moulins à café : c'est le moment de plonger au cœur de l'histoire familiale…

Un sujet compliqué avec, comme toujours dans les dynasties, ses non-dits, ses liens indissolubles et ses rancœurs, et qui d'emblée a commencé par un drame. Armand, celui qui a cru le premier au développement du moteur à explosion à la fin du XIXe siècle, n'est pas l'ancêtre direct des descendants d'aujourd'hui. Visionnaire, cet ingénieur diplômé des Arts et Manufactures de Paris avait professé dès le 5 janvier 1892 : « *Je suis persuadé que la locomotion automobile est appelée à prendre un développement énorme. Si nous sommes assez hardis et habiles, nous ferons de Peugeot l'une des plus grandes affaires industrielles de France.* » Son cousin Eugène, lui, n'y croyait pas. Les deux branches décidèrent donc de mener leurs affaires séparément.

Le destin n'a pas toujours de morale. Armand est mort en 1915, sans fils. Eugène, lui, en avait trois, Pierre, Robert et Jules, bien plus aptes que leur père incrédule à se rallier au succès de l'automobile et à s'associer à leur oncle. Pendant plusieurs décennies, Armand a été effacé des arbres généalogiques officiels avant d'être réhabilité par les historiens et les Peugeot eux-mêmes. « *J'ai rencontré un jour les descendants des filles d'Armand, encore meurtris de n'avoir pas été de l'extraordinaire aventure industrielle qui a suivi et fait la fortune de la famille* », raconte Thierry qui tient à montrer la déclaration originelle de l'ancêtre malchanceux, désormais inscrite au mur de la plus vaste salle du musée.

On se perd facilement dans l'histoire de la dynastie, d'autant que les mêmes prénoms se transmettent, de génération en génération, les homonymes se distinguant seulement par un numéro écrit en chiffres romains, Eugène II, Pierre Ier ou Jean-Pierre III, comme on le fait pour les rois. Sautons, cependant, quelques décennies pour parvenir à l'histoire qui nous intéresse, cette succession qui laissera des traces au point que la famille a bien failli tout perdre.

Nous sommes à l'orée des années 2000. La septième génération est en train de passer la main. Jusque-là, Bertrand, Roland et Pierre, les trois hommes importants de la famille dont les portraits trônent à l'entrée du musée (les filles ne sont pas encore considérées, surtout dans l'automobile), se sont partagé les présidences des Établissements Peugeot Frères et du groupe PSA. Ils se retrouvent tous les jours au siège de l'entreprise, avenue de la Grande-Armée, à quelques centaines de mètres de l'Arc de Triomphe, à Paris. L'automne, ils chassent ensemble dans les belles forêts de feuillus de la région. Les trois cousins peuvent bien parfois se disputer, ils conservent une profonde connaissance les uns des autres, forgée par de multiples vacances ensemble lorsqu'ils étaient enfants, et se retrouvaient à Valentigney, dans cette région de Montbéliard qu'ils ont quittée pour la capitale. Ce sont trois caractères, mais ils ont une volonté farouche de s'entendre pour le bien de l'entreprise familiale. Un jour que Roland et Pierre s'étaient fâchés, le premier est parti en claquant la porte. Le lendemain, alors qu'il était revenu s'excuser, Pierre a fait mine de ne pas comprendre : *« Mais de quoi parles-tu ? Je ne m'en souviens plus... »*

Quand en 1960, le fils de Roland, Éric, quatre ans et demi, a été enlevé alors qu'il jouait avec son frère Jean-Philippe au golf de Saint-Cloud, dont ses parents sont des habitués, le soutien des cousins a alors été sans faille. Roland Peugeot a pu réunir les 50 millions de francs réclamés par les ravisseurs pour que l'enfant soit libéré trois jours plus tard.

Traumatisé par l'événement, il a exfiltré sa famille pour un an à Valentigney : *« À Paris, les gens dans la rue touchaient mon frère, comme un porte-bonheur,* se souvient Jean-Philippe Peugeot, *et mon père a voulu nous épargner ça. »*

La génération suivante est à la fois plus nombreuse et moins intime. Robert et Christian, les fils de Bertrand, Jean-Philippe et Éric, ceux de Roland, comme Thierry et Xavier, ceux de Pierre, travaillent pourtant tous dans l'entreprise comme ingénieurs ou commerciaux. Il faut y ajouter Marie-Hélène, la seule fille du groupe. La cadette de Pierre, diplômée de Sciences Po, a rejoint les finances de l'entreprise. Les enfants de la « G8 », comme ils s'appellent entre eux, ont des écarts d'âge importants, ils ne passent pas leurs vacances ensemble et, au fond, se fréquentent assez peu.

Depuis 1998, Pierre Peugeot a remplacé son cousin Roland à la tête du conseil de surveillance. C'est un bel homme, austère à l'excès, impressionnant et discret, si obsédé par les fuites qu'il ne dit presque rien à ses proches de la marche de l'entreprise. Chaque mois, Pierre réunit ses deux cousins, ses enfants et neveux, avenue de la Grande-Armée pour un déjeuner autour de l'un des hauts cadres du groupe. Méfiant, il se renseigne souvent sur les uns et les autres.

Fils de militaire, Pierre est trop raide pour apprécier le mode de vie plus jouisseur de ses neveux. Il parle toujours d'eux comme des « Parisiens », alors même que les deux fils de Bertrand ont passé leur enfance à Valentigney, allant quelques années au lycée Cuvier de Montbéliard, et qu'il vit pour sa part au Trocadéro. Il ne fait rien, d'ailleurs, pour que ses deux garçons, Thierry et Xavier, et leurs deux sœurs, Marie-Hélène et Pascaline, se lient à leurs cousins. *« Mon oncle Roland organisait un dîner chaque année à Sochaux avec les cadres de l'entreprise et ses fils Jean-Philippe et Éric, mais mon père a toujours fait en sorte que je n'y assiste pas »*, se souvient son aîné, Thierry Peugeot.

Sans doute a-t-il pensé que ce dernier lui succéderait. Mais il ne lui en parle pas vraiment. C'est un taiseux qu'il faut toujours comprendre à demi-mot. Un jour, Thierry envoie un CV chez Michelin. François Michelin appelle aussitôt Pierre Peugeot pour lui demander : *« Il y a un Peugeot qui candidate. Qui est-ce ? »* Michelin comprend vite qu'il n'est pas envisageable de recruter le fiston. Quand Thierry part au Brésil, un pays qu'il adore et où il se verrait bien rester, son père finit par lui demander de rentrer. C'est un signe déjà plus concret.

En vérité, Pierre Peugeot absorbe seul le stress des responsabilités en mâchouillant souvent un cigare éteint, ne partageant ses pensées qu'avec le vice-président de PSA Jean Boillot, son véritable homme de confiance. Trois ans après son arrivée à la tête du conseil de surveillance, il a appris qu'il était malade, mais ne parle à personne de la gravité de ce cancer qui le ronge. *« Un non-dit absolu »*, reconnaît aujourd'hui sa fille Marie-Hélène. Tout le monde voit bien qu'il est affaibli, mais son épouse, une cousine des frères Seydoux, les producteurs de cinéma, se convainc que tout va bien. Pierre Peugeot évite les cliniques de peur que l'information ne se répande. Seule sa seconde fille, Pascaline, médecin, sait vraiment à quoi s'en tenir. *« C'était un très grand malade »*, dira-t-elle plus tard à son frère Thierry. Mais pour l'heure elle s'en tient au strict secret médical.

En juillet 2002 pourtant il n'a pu présider le conseil de surveillance, et Jean-Philippe, le fils de Roland, comme Robert, celui de Bertrand, demandent discrètement à leur cousine Marie-Hélène de quoi il retourne : *« On dit que ton père est malade... »* Cette dernière s'entend mentir : *« Mais non, il est seulement fatigué ! »*

Si Pierre Peugeot ne dit rien, ce n'est pas seulement pour mieux vaincre le mauvais sort, c'est aussi parce que le doute s'est insinué en lui. Il s'est persuadé que ses neveux, notamment Robert, le fils de Bertrand, qui travaille pourtant chez Peugeot, veut l'écarter pour pouvoir vendre l'entreprise. C'est sa grande obsession. Robert mène grand train, a épousé une héritière d'Ormesson, possède une propriété en Autriche et une autre à Lamu, une île au large du Kenya, et le bruit court qu'on l'a vu conduire – sacrilège ! – une Ferrari. C'est aussi un financier très habile. Tout le contraire des valeurs dans lesquelles Pierre élève les siens. Chaque fois que ce dernier se trouve dans une assemblée, il clame d'ailleurs haut et fort : *« On se moque que le cours de la Bourse monte ou baisse puisque nous ne vendons pas ! »*

L'industrie automobile connaît des soubresauts. Peugeot, donnant la priorité à la 205, a laissé échapper le concept révolutionnaire proposé par

Matra, l'Espace, que Renault développe désormais avec profit. Les usines d'Aulnay, de Sochaux, de Poissy ont été secouées par les grèves, dans les années 80 et 90. Les résultats sont plus aléatoires. Et Pierre ne sait pas fédérer la famille. En 2001, il a discrètement fait venir dans son sobre bureau de la Grande-Armée deux membres de la famille Mulliez, qui ont fait fortune dans la grande distribution (Auchan, Decathlon) et ont su unir leurs quelques centaines cousins actionnaires. « *Mais comment faites-vous avec vos actionnaires familiaux ?* leur a-t-il demandé. *Moi je passe ma vie à racheter les parts de mes sœurs et de mes cousines, par peur que le capital ne se dilue.* » Vingt ans plus tard, les Mulliez s'en souviennent encore : « *Ils auraient peut-être commis moins d'erreurs stratégiques s'ils avaient justement su mettre à profit comme nous sept cents intelligences comme autant de contre-pouvoirs exigeants...* »

À la fin du mois de septembre 2002, alors qu'il devait inaugurer le Salon de l'auto avec le président Jacques Chirac – avec lequel il a fait son service militaire en pleine guerre d'Algérie quarante-six ans plus tôt –, Pierre Peugeot fait un malaise. Trois mois plus tard, le 1er décembre, il meurt à l'âge de 70 ans.

Il n'a rien dit à ses cousins, à ses enfants ni à ses neveux de la succession, mais il a laissé des directives à Jean Boillot. Alors qu'une myriade de personnalités et ministres assistent aux obsèques du président du conseil de surveillance de Peugeot SA, le fidèle Boillot va voir les uns et les autres, réunit un conseil de famille avenue de la Grande-Armée pour préparer la suite. Tout doit être réglé pour le 15 décembre.

Boillot n'a pas une tâche facile. Sans doute partage-t-il la vision assez traditionnelle de Pierre Peugeot, mais il sait aussi qu'il faut répartir les pouvoirs équitablement entre les trois branches, sinon tout l'édifice de la succession s'écroulera. En ce début du XXIe siècle, la légitimité de l'aîné a encore du poids. Diplômé de l'Essec, Thierry, 47 ans, le premier fils de Pierre, qui a dirigé la succursale de PSA à Lyon, est donc désigné pour lui succéder à la présidence du conseil de surveillance de PSA. Robert, 52 ans, celui de Bertrand, un ingénieur centralien, prendra la tête de FFP, la société d'investissement de la famille – autrement dit, si elle est bien gérée, son trésor de guerre. Jean-Philippe enfin, l'aîné de Roland, âgé de 49 ans, présidera les Établissements Peugeot Frères, la holding familiale.

Sur le papier, cela paraît relativement équitable. Mais il y a une raison sous-jacente à ces choix. *« Désigner Thierry, c'était éviter le risque Robert »*, résume Xavier Peugeot, le frère de Thierry. Robert Peugeot revient pourtant deux jours plus tard auprès de Boillot. Il revendique finalement la présidence du conseil de surveillance. Trop tard. Boillot menace de jeter l'éponge. On en reste à ce qui a été décidé.

Les non-dits créent des malentendus et les malentendus sont comme des poisons dans les familles. Chacune des branches peut bien faire des efforts pour s'entendre, il reste toujours de cette tentative avortée de putsch une trace de méfiance chez Thierry et de ressentiment chez Robert.

En 2006, lorsque le PDG Jean-Martin Folz prévient le président du conseil de surveillance qu'il s'apprête à prendre sa retraite l'année suivante, Thierry Peugeot n'en parle pas à ses cousins. Robert avait pris la tête de l'innovation et de la qualité sous Folz. Il a la légitimité pour diriger PSA et s'y verrait bien. Mais Thierry a endossé les craintes de son père et est convaincu que son cousin veut vendre. *« J'ai toujours eu peur de cela »*, reconnaît-il aujourd'hui. Voilà Robert supplanté par Christian Streiff, un ancien de Saint-Gobain et d'Airbus, qui sera victime un an plus tard d'un AVC. La guerre n'est pas ouvertement déclarée, mais la confiance est rompue entre les cousins.

Ces querelles de famille ne seraient pas graves s'il n'y avait péril en la demeure. Mais dix ans après la succession de Pierre Peugeot, les difficultés s'accumulent. Ce n'est pas seulement la faute de Thierry Peugeot, loin de là. *« L'automobile, ce sont des hauts et des bas »*, souligne son cousin Christian en traçant dans l'air de grandes montagnes russes. Heurtée de plein fouet par la concurrence des voitures étrangères haut de gamme et des petites individuelles asiatiques, Peugeot décroche dangereusement. L'entreprise ne s'est pas internationalisée dans un marché ultra-compétitif et creuse sa dette. Le PDG de l'époque, Philippe Varin, aurait besoin d'être épaulé. *« En 2012, on perdait 250 millions par mois »*, se souvient Thierry. Tout à coup, le spectre d'une faillite se profile. Devant l'ampleur des déficits, pour sauver ce fleuron français, il devient inévitable de demander l'aide de l'État… Pour la famille, qui possédait jusqu'ici 30 % du capital et 38 % des droits de vote, recapitaliser c'est l'assurance d'être diluée et de perdre la maîtrise de la société qui porte son nom. C'est aussi afficher un échec spectaculaire, difficile à admettre.

Le contexte est tendu. L'entreprise vient d'annoncer la suppression de huit mille emplois juste après l'élection présidentielle, et le nouveau président socialiste François Hollande la soupçonne d'avoir repoussé son plan social après la campagne électorale : *« Sans doute pour ne pas gêner mon adversaire Nicolas Sarkozy »*, dit-il aujourd'hui. Le ministre du Redressement productif, Arnaud Montebourg, a d'ailleurs fait des Peugeot sa nouvelle tête de turc. *« Il répétait partout que nous étions des héritiers nuls »*, se souvient, outrée, Marie-Hélène Peugeot. Mais en réalité, malgré les divergences d'appréciation, ceux qui supervisent pour l'État les négociations ne sont des adversaires ni de l'entreprise ni des Peugeot, cette famille *« qui a toujours fait le choix,* remarque François Hollande, *de maintenir le gros de la production en France plutôt que de délocaliser »*.

À Bercy, le nouveau ministre de l'Économie s'appelle Pierre Moscovici, un familier de Sochaux. François Hollande était lui-même *« au lycée de Neuilly avec Christian Peugeot avant de le retrouver à HEC »*. À l'Élysée, le secrétaire général adjoint chargé de l'économie Emmanuel Macron suit le dossier avec Alexis Kohler, le directeur de cabinet de Moscovici. Enfin, un autre énarque spécialiste de l'industrie, Louis Gallois, est nommé par l'État pour piloter le dossier de recapitalisation avec de l'argent public français et des capitaux chinois.

Pour les Peugeot, c'est un traumatisme. Il leur faut de l'argent frais. Et beaucoup. Pour la première fois de leur histoire, ils doivent renoncer au pilotage de leur entreprise et surtout se déchirer publiquement. Deux lignes, deux stratégies, deux ego s'affrontent : « *J'ai toujours pensé que la diversification était nécessaire pour la pérennité de nos entreprises* », assure Robert Peugeot. Thierry, lui, veut se concentrer sur l'automobile et refuse la perte du contrôle familial. Jusqu'au bout, il a essayé de l'éviter, « *mal conseillé* », assure son cousin Robert. « *Il était un peu comme le héros de John le Carré, naïf et sentimental* », souligne aujourd'hui Pierre Moscovici.

« *Le Menhir* », c'est le surnom que donnent à Thierry les commentateurs de l'époque, pour mieux souligner son manque de souplesse et sa vision jugée dépassée. Robert Peugeot, lui, est convaincu qu'il vaut mieux pour la famille n'avoir que 14 % d'une entreprise performante que le double d'une société en grande difficulté. « *Bobby* », c'est d'ailleurs ainsi que la presse l'appelle désormais, alors que sur les petits écrans, *Dallas*, le feuilleton emblématique des années 80, fait son retour avec l'un de ses héros, Bobby Ewing, le fils préféré de cette famille de milliardaires clinquants du Texas. Le cousin Jean-Philippe, enfin, censé être dans une position médiane, s'est rallié à la dilution du capital qui semble inéluctable. « *Thierry n'avait pas pris la mesure de la gravité de la crise,* explique Jean-Philippe aujourd'hui, *plus que Robert et moi, il a eu du mal à comprendre qu'une recapitalisation massive était nécessaire.* »

Pour aider Thierry à sauver la face, l'accord a prévu de lui laisser un siège au conseil de surveillance. Mais, alors que tout est bouclé, il donne une interview aux *Échos* dans laquelle il critique ce qu'il a lui-même signé. *« Mon cousin Robert a une approche financière,* cingle-t-il, *et je me considère comme un industriel. »* Une déclaration de guerre. Robert et Jean-Philippe décident d'écarter *« Monsieur Thierry Peugeot »*, comme l'appelle Jean-Philippe devant nous.

Il n'a prévenu sa sœur Marie-Hélène qu'une fois le journal imprimé, et impossible à arrêter *« comme un acte manqué »*, analyse-t-elle aujourd'hui. C'est elle qui se voit proposer de le remplacer afin d'adoucir l'image d'une famille déchirée. Marie-Hélène était déjà entrée au conseil de surveillance en 1999, à la demande de son père. À l'époque, au milieu des autres administrateurs – Jean Gandois, François Michelin ou Ernest-Antoine Seillière –, elle était la seule femme. Quinze ans plus tard, elle en est la première vice-présidente. Dire qu'à peine quelques années plus tôt, l'arbre généalogique des Peugeot, affiché au musée de Sochaux, ne comportait que des hommes…

Avec la perte de contrôle, commence maintenant une autre histoire, douloureusement vécue. Jusque-là, la famille avait ses bureaux au siège, elle doit déménager dans un immeuble à Neuilly. *« J'ai mis deux ans avant de repasser avenue de la Grande-Armée »*, confesse Marie-Hélène Peugeot qui résume ainsi la perte de contrôle : « *C'est bien simple, jusque-là on était chez nous, et soudain, on n'y était plus.* » Cette grande femme souriante est une fine psychologue doublée d'une diplomate qui parle cash. Alors que les cousins campent sur leur Aventin et se serrent la main du bout des doigts, elle leur lit à haute voix les articles de presse afin qu'ils comprennent à quel point leurs querelles nuisent à toute la famille.

Cela a pris du temps. « *Je pensais que dire les choses tout haut suffirait, mais il a fallu que je ruse, ils ne voulaient pas entendre,* sourit aujourd'hui Marie-Hélène. *Pour eux, les femmes, c'est l'émotion, et l'émotion c'est négatif. Ils ont dû bousculer des habitudes inscrites depuis longtemps dans l'histoire familiale...* »

Si Thierry Peugeot et son frère Xavier persistent à penser que la perte de contrôle aurait pu être évitée – « *Carlos Tavares, l'actuel PDG de Stellantis, serait arrivé six mois plus tôt, il aurait redressé l'entreprise et nous n'aurions eu besoin ni de l'État ni de Dongfeng* » –, force est de constater que la stratégie choisie en 2012 a considérablement enrichi la famille. Fort de ses 282 000 salariés et de ses quinze marques automobiles, Stellantis issu de la fusion en 2021 de Peugeot-Citroën et Fiat Chrysler, génère énormément d'argent : 152 milliards d'euros en 2021. Et grâce à l'action de Robert Peugeot à la tête de Peugeot Invest, la famille a largement augmenté la valeur de son portefeuille.

La génération suivante refuse pour sa part d'endosser les querelles des pères et oncles... « *Les divisions du passé, ce n'est pas notre sujet* », affirme clairement Charles Peugeot, l'un des fils de Robert, ingénieur chez Stellantis où il s'occupe de la DS3 Crossback. Il y a quelques mois, sa sœur a organisé un dîner entre cousins. Ils étaient une dizaine, issus des trois branches. Certains ont fait les mêmes écoles, ils chassent parfois ensemble, sont surpris de se découvrir des références communes. *« Même si on ne se voit pas sans cesse, nous avons le sentiment de venir du même village »*, souligne Antoine Peugeot, l'un des fils de Christian.

Marie-Hélène et Jean-Philippe Peugeot, de leurs côtés, réunissent de temps à autre les quelque quatre-vingts membres de la « G9 » – la neuvième génération –, histoire de transmettre la connaissance de l'entreprise, de resserrer les liens et de repérer les jeunes talents. Depuis la création de Stellantis, les Peugeot observent avec attention et un brin d'envie les Agnelli, l'autre grande famille européenne de l'industrie automobile avec les Quandt, propriétaires de l'allemand BMW. Et en particulier le parcours de John Elkann – le petit-fils du mythique patron de la Fiat, Gianni Agnelli –, qui, à 46 ans, est aujourd'hui le président du conseil d'administration du groupe. La famille Agnelli/ Elkann possède 14 % de Stellantis. Les Peugeot moitié moins. Ils rêvent aujourd'hui de remonter au capital, de regagner un siège au conseil d'administration et pourquoi pas de faire émerger un des leurs pour prendre la relève au cœur de ce qui est devenu un empire mondial.

11.

Les Bettencourt : mère et fille, un duel sans fard

Le 6 décembre 2010, une mère et sa fille se retrouvent pour une réunion de famille d'un genre très particulier. Ni tasses à thé ni petits gâteaux pour agrémenter ce rendez-vous, mais un avocat, maître Pascal Wilhelm, stylo à la main et un document de 28 pages posé devant lui, dont il fait lentement la lecture pour approbation. Liliane Bettencourt, 88 ans, première fortune de France, et sa fille unique, Françoise Bettencourt Meyers, 57 ans, paraphent tour à tour chaque page, annexes comprises. Ce protocole d'accord, rédigé dans le plus grand secret, clôt juridiquement la fin d'une guerre filiale qui a explosé au grand jour trois ans plus tôt.

En signant ce texte, que nous avons pu consulter, Liliane Bettencourt, héritière du fondateur du groupe L'Oréal, l'une des femmes les plus riches de France et d'Europe, rend les armes. Elle accepte un *« mandat de protection future »*, une mise sous tutelle, qui l'empêchera à l'avenir de disposer de ses biens et de son argent comme elle l'entend. En *« échange »*, elle obtient que François-Marie Banier, le photographe malin et mondain dont elle s'était entichée au point de lui donner pour un milliard d'euros de cadeaux, soit autorisé à garder les fruits de cette folle générosité. Mère et fille s'engagent, par ailleurs, à se désister de toutes les actions juridiques entamées les années précédentes. Enfin, Jean-Pierre Meyers, l'époux de Françoise et gendre mal aimé de Liliane, est désigné directeur général de Téthys, la holding familiale, et de Clymène, le « family office » qui gèrent les milliards générés par le géant des cosmétiques. Une transmission des pouvoirs codifiée mot à mot par un homme de loi : du jamais vu à un tel niveau dans l'histoire du capitalisme français.

Aucun des détails de ce protocole n'apparaît dans le texte diffusé le jour-même à la presse. Le communiqué explique simplement que mère et fille *« se sont rapprochées pour mettre un terme aux conflits qui ont perturbé leur vie familiale »* et *« ont décidé de se tourner vers l'avenir ». « La décision que Françoise et moi avons prise est pour moi source d'espérance »*, indique Liliane. *« Cette entente nous fait enfin retrouver l'harmonie familiale »*, poursuit sa fille dans le même document. Une promesse d'apaisement donc, après un déchirement public d'une violence inouïe.

Comment cette famille de Neuilly, qui fuit le scandale et se protège de la presse et des regards, en est-elle arrivée à se déchirer au grand jour ? À la fin de l'année 2007, les Français découvrent dans un mélange de fascination et de sidération ce qui deviendra « l'affaire Bettencourt », le feuilleton ultra médiatisé d'une explosion familiale à base de soupçons d'escroquerie, de manipulations, de mensonges, de subornation de témoins, de faux témoignages et d'accusations gravissimes. D'un côté, la fille, Françoise, cette femme aux airs d'héroïne de tragédie grecque, chevelure de jais et grosses lunettes fumées qui mangent son visage et la cache des regards extérieurs. Dans son viseur : François-Marie Banier que Liliane Bettencourt a couvert de bienfaits, œuvres d'art, chèques à gogo, assurances vie et biens immobiliers. Il sera condamné en appel le 24 août 2016 à quatre ans de prison avec sursis et 375 000 euros d'amende.

Mais est-ce vraiment une question d'argent qui a conduit mère et fille à se livrer toutes ces années une bataille sans merci ? Pas sûr. Si Françoise et son époux Jean-Pierre Meyers étaient sincèrement outrés des agissements sans scrupules de François-Marie Banier, la fortune familiale n'a jamais été mise en danger par les largesses de Liliane. Cette dernière avait, depuis longtemps déjà, transmis à son unique héritière la nue-propriété des actions des sociétés détentrices des titres L'Oréal. Entre 1980 et 1992, comme le rappelle le protocole d'accord, elle a consenti pas moins de neuf donations à Françoise dont certaines ont porté sur des liquidités et des biens immobiliers, en plus des entreprises familiales. Liliane n'aurait donc jamais eu l'intention de spolier d'une quelconque façon sa fille qui avait déjà tout reçu. Tout ? Sauf peut-être l'amour exclusif de sa mère qui, semble-t-il, lui a préféré à la fin de sa vie la compagnie d'un histrion sans gêne et encombrant. Et finalement, qu'y a-t-il de pire que de se voir déshérité de l'attention et de l'affection maternelle ?

Liliane et Françoise, deux héritières qui n'auront jamais eu à travailler si ce n'est veiller à faire fructifier au mieux les faramineux dividendes provenant de l'entreprise créée par leur père et grand-père, le chimiste génial et visionnaire, Eugène Schueller. Deux héritières au destin semblable, mais au tempérament et aux goûts différents.

Commençons par Liliane, petite fille riche élevée dans des institutions religieuses rigides et l'adoration pour son père charismatique qu'elle considérait comme un dieu. Eugène Schueller envoie sa fille unique, âgée de 15 ans, à l'usine d'Aulnay pour coller les étiquettes sur les bouteilles de shampoing, pendant les vacances d'été. Elle visite régulièrement les boutiques pour observer les linéaires L'Oréal, se rend fréquemment au siège social à Clichy-la-Garenne, mais son initiation s'arrête là. Pas question pour le fondateur d'imaginer sa fille lui succéder à la tête de l'entreprise. Elle se mariera, comme toutes les jeunes filles de la bonne société de l'époque. Un mariage pas forcément heureux, avec un mari, André Bettencourt, qui ne s'intéresse guère à elle. Elle assume donc une vie oisive et luxueuse, faite de massages quotidiens, de voyages fabuleux et d'achats dispendieux.

Dans l'une des rares interviews qu'elle donna en 1987 au magazine *Egoïste*, elle s'insurgeait contre l'idée de devoir cacher sa richesse et son train de vie : « *Il faut toujours se faire pardonner quand on a de l'argent. Se faire pardonner quoi ? Un père, une idée, un travail incessant, ceux qui l'ont suivi, qui ont multiplié. Faut-il en être fière ou en avoir honte ?* » Moyennant quoi, cette belle femme aux faux airs d'Ava Gardner menait grand train, sans pour autant s'exposer au regard des médias. Hôtel particulier à Neuilly avec piscine, résidences secondaires à profusion, une vingtaine de personnes à son service et des dîners très courus, où elle recevait avec son époux, ancien ministre de de Gaulle et de Pompidou, la bonne société : aristocrates, écrivains, hommes d'affaires et responsables politiques. Chez eux se croisaient l'Aga Khan, les David-Weill, le comte et la comtesse de la Royère, l'héritier et patron d'Hermès Jean-Louis Dumas, mais aussi François Mitterrand, puis Nicolas Sarkozy. « *Une princesse inemployée* », c'est ainsi que Georges Kiejman, qui a été son avocat lors de l'affaire Banier, décrit Liliane Bettencourt, à la fin de sa vie. Une vieille dame « *à la tête d'un empire sur lequel personne ne lui demandait vraiment son avis* ».

Sa fille unique, Françoise, n'a ni la même personnalité, ni vécu tout à fait la même enfance et cela a son importance pour comprendre la suite. Elle est née le 10 juillet 1953 à Neuilly, déjà très riche. À sa naissance, Liliane a contracté une tuberculose et a dû s'exiler dans un sanatorium, une première séparation sur laquelle certains exégètes du drame gloseront pour expliquer le lien fragile entre les deux femmes. Liliane Bettencourt a perdu sa mère alors qu'elle n'avait que cinq ans et semble ne pas savoir comment s'y prendre avec son propre enfant. Françoise Bettencourt aimait répéter cette expression à propos de leur relation : « *J'étais avec elle comme une moule à son rocher.* » Manière de dire combien elle recherchait l'affection maternelle. Comme si elle soulignait aussi, inconsciemment, avoir été un être tendre accroché à un roc dur et froid.

Elle reçoit une éducation parfaite. C'est en voiture avec chauffeur qu'on envoie la petite Françoise à l'école Marymount de Neuilly, tenue par des sœurs américaines. Pour ses cours de piano, on recrute la meilleure des professeurs, Yvonne Lefébure, proche et interprète favorite de Fauré et de Ravel. La jeune fille joue trois heures par jour, souvent avec son amie d'enfance, la chanteuse et comédienne Arielle Dombasle.

En 1960, l'enlèvement d'Éric Peugeot, âgé de 4 ans, héritier de la firme automobile, a terrifié les familles aisées en vue, à commencer par le couple Bettencourt qui décide un temps de retirer leur fille de l'école. Elle suit alors pendant quelques mois ses cours à la maison, ne retrouvant la compagnie des enfants de son âge que lors de goûters organisés pour elle. Est-ce cette période qui a fait d'elle une personnalité solitaire et grave ?

Interrogée par *Le Monde* en 2012, Françoise veut garder de son enfance et de son adolescence l'image d'une famille heureuse. « *J'ai beaucoup voyagé avec ma mère. Je la voyais sans cesse, avant que certains ne s'immiscent dans notre vie et notre relation.* » Comme si la question pouvait se poser, elle évoque curieusement l'idée d'une compétition entre elles d'eux : « *Elle a toujours été belle, oui, mais je n'ai jamais ressenti la moindre rivalité. La jalousie est un mot qui m'est étranger,* se défend-elle. *Comme elle était toujours élégante, je l'observais avec admiration. Nous avons des goûts et des caractères différents ? Oui, encore, mais est-ce un obstacle ?* »

Pendant longtemps, non. Comme son père avec elle, Liliane n'imagine pas que sa fille travaille. Elle veille en revanche à ses fréquentations. Mais Françoise n'apprécie guère ces rallyes où les rejetons de la bonne société sont programmés à rencontrer leurs futurs conjoints. À 19 ans, elle remarque, dans les soirées où ses parents convient souvent les barons de L'Oréal, Jean-Pierre Meyers, le fils d'un des membres de la direction. C'est un jeune bourgeois qui a passé sa jeunesse entre le lycée Janson-de-Sailly, dans le XVIe arrondissement de Paris, et Megève où ses parents reçoivent pour des dîners très joyeux dans leur chalet. « *Un garçon plein de charme, toujours entouré d'une myriade de jeunes filles et de bons copains* », se souvient la productrice Simone Harari, qui le côtoie alors dans les soirées ou à la Comédie-Française, à laquelle ces jeunes gens éduqués sont tous abonnés.

De cinq ans plus âgé que Françoise, arrière-petit-fils et petit-fils de rabbins, le jeune homme n'est pas forcément le gendre dont auraient rêvé les catholiques Bettencourt, qui traînent de surcroît un passé collaborationniste qu'ils s'efforcent de faire oublier. De leur côté, les Meyers peuvent bien être des juifs libéraux, ils souhaitent d'autant plus ardemment préserver leur culture que le grand-père rabbin de Jean-Pierre, Robert Meyers, a été déporté et assassiné à Auschwitz, en 1943. Mais les deux jeunes gens imposent leur union. Puisqu'il n'est question ni d'église ni de synagogue, ils opteront pour un mariage civil, en tout petit comité, le 6 avril 1984 à Fiesole, en Toscane, avant une grande réception au Polo de Bagatelle.

Françoise et son mari, Jean-Pierre, vivent de façon plus discrète que Liliane. Leur duplex à Neuilly n'est qu'à quelques pas de l'hôtel particulier des parents Bettencourt, mais même après le décès de Liliane, le 21 septembre 2017, ils n'ont pas voulu s'y installer. Bientôt, c'est là qu'emménagera la Fondation Bettencourt-Schueller, l'une des fondations les mieux dotées d'Europe, avec ses 900 millions d'euros de budget consacrés à la recherche médicale, un modèle du genre désormais présidé par Françoise.

Les deux familles vivent donc côte à côte, quasi fusionnelles malgré leurs différences, allant jusqu'à partager le même standard téléphonique. L'hiver, elles se retrouvent pour skier à Megève. L'été, elles naviguent au large de Majorque, où les Bettencourt ont acheté deux maisons sur plusieurs hectares au cap de Formentor, ou en Bretagne dans la propriété qu'a fait construire Eugène Schueller en 1920, l'Arcouest. Les rares amis qui fréquentent néanmoins les deux couples décrivent l'ennui profond qui flotte autour de la table, l'absence de chaleur et d'humour. Une famille en apparence soudée, mais qui ne partage pas grand-chose.

La mondaine Liliane semble regarder avec consternation la vie de sa fille qu'elle trouve austère et morose. Françoise ne sait pas s'amuser, pas profiter, répète-t-elle à qui veut l'entendre. Quand on lui demandera plus tard comment elle juge sa fille, elle répondra : *« étouffante »*. *« Avec ma fille, ça a toujours été difficile et ça le sera toujours. Elle est très butée »*, ajoutera-t-elle. Dès juin 1999, dans une lettre adressée à son notaire que nous avons pu lire, elle n'était guère plus amène à l'égard de Françoise : *« L'affection que j'ai pour mes petits-enfants, elle ne m'a jamais donné la possibilité de l'épanouir. J'en ai souffert. Ce côté étriqué m'a tuée. »* Dans le même courrier, Liliane s'en prend également à son gendre qui, à l'évidence, l'horripile.

Chaque famille a ses secrets et son inconscient. Chez les Bettencourt, la guerre et le judaïsme sont au cœur des relations complexes entre André et Liliane d'une part, leur fille et leur gendre de l'autre. En 1989, éclate un scandale : l'homme d'affaires Jean Frydman accuse alors publiquement L'Oréal d'avoir servi de refuge à d'anciens collaborateurs des nazis. Le passé d'Eugène Schueller, mort en 1957, qui finança la Cagoule, cette organisation d'extrême droite d'avant-guerre, est étalé dans les journaux. Pire, ressurgissent le passé collaborationniste de Jacques Corrèze, l'un des dirigeants de L'Oréal, et les écrits antisémites d'André Bettencourt, bien avant qu'il ne rejoigne, à la Libération, de Gaulle et ne devienne l'un de ses ministres jusqu'en 1969. *« Les juifs, les pharisiens hypocrites n'espèrent plus. Pour eux, l'affaire est terminée. Ils n'ont pas la foi. Ils ne portent pas en eux la possibilité d'un redressement. Pour l'éternité leur race est souillée par le sang du juste »*, avait ainsi écrit le père de Françoise, en 1941, dans l'hebdomadaire collaborationniste *La Terre française.*

Quel dilemme pour Jean-Pierre Meyers ! Doit-il fermer les yeux et soutenir ce beau-père qu'il a toujours apprécié et dont Françoise ne connaissait pas précisément le passé ? L'avocat chasseur de nazis, Serge Klarsfeld, le voit un soir débarquer à son cabinet, *« accompagné d'un petit groupe de juifs influents qui cherchent des informations »*, a-t-il raconté un jour au *Monde.* Quelques jours plus tard, Jean-Pierre obtient le départ de Jacques Corrèze. André Bettencourt, après avoir regretté une *« erreur de jeunesse »*, quitte la vice-présidence du groupe en 1994.

C'est le seul coup d'éclat de Jean-Pierre Meyers, mais il assied ainsi son influence à la fois dans la famille et au sein de L'Oréal. C'est un homme posé, aimable, qui rassure les PDG et s'efface lorsqu'il s'agit de laisser sur le devant de la scène la figure plus éclatante de sa belle-mère. Françoise, quant à elle, se consacre à son piano et à ses enfants, Jean-Victor et Nicolas, dont elle a souhaité qu'ils reçoivent une éducation juive. En 1998, elle dédiera un livre aux « couples mixtes », *Les Trompettes de Jéricho. Regards sur la Bible* (Éditions de l'Œuvre), une très sérieuse étude comparée des cultures juive et chrétienne.

L'affaire Frydman, en révélant le passé honteux d'André Bettencourt, fut une humiliation insupportable pour Liliane. Quinze ans plus tard, l'affaire Banier menace de faire exploser la famille. Quand François-Marie Banier déboule dans sa vie, Liliane

Bettencourt est encore, malgré son grand âge, une petite fille riche qui s'ennuie. Le photographe à l'appétit vorace fait tourner la tête de la vieille dame qui n'attendait que ça. « *Il était léger, il ne respectait aucune des règles de politesse, il la traitait comme une jeune fille y compris dans sa manière insolente de lui parler. Il lui a donné une bouffée d'oxygène extraordinaire et elle l'a couvert de ses bienfaits en retour* », estime maître Kiejman dans son livre de souvenirs *L'Homme qui voulait être aimé* (avec Vanessa Schneider, Grasset, 2021). Jusqu'à cette rencontre, la vie de Liliane tournait autour de L'Oréal et de ses actions caritatives. « *Tout à coup, elle s'est autorisée à vivre, à rire, à profiter, à s'amuser. Elle voyageait avec lui et son compagnon Martin d'Orgeval* », poursuit l'avocat. « *Il entrait et sortait de chez elle comme si c'était chez lui. Ils échangeaient des mails quasi quotidiennement. Elle était contente d'avoir enfin trouvé quelqu'un qui lui parlait comme à une adulte responsable et qui s'intéressait à elle.* »

Juste après la mort d'André Bettencourt, Banier prend encore plus de liberté. Un jour, alors qu'il s'assied à table pour un déjeuner à Neuilly, il choque Olivier Pelat, un ami de la famille, en déclarant : « *Tu vois, je prends la place du mari...* » Il se permet tout et Liliane lui pardonne tout comme à un enfant un peu mal élevé qui fait des bêtises. En 2007, Françoise subit une lourde opération de la gorge. Liliane ne va pas la voir à l'hôpital : elle est partie visiter une maison à Marrakech avec son ami chéri. Pas difficile d'imaginer ce qui se passe dans la tête de la fille délaissée.

À peine André Bettencourt enterré, Banier

évoque tout haut l'idée que Liliane l'adopte. Insupportable pour la fille délaissée qui ne supporte plus la place que prend cet homme au prénom si proche du sien, mais qu'elle considère comme un margoulin. L'enfant légitime fera désormais tout pour faire sortir de la vie de sa mère l'enfant choisi.

Depuis le protocole, la mise sous tutelle de Liliane puis sa mort en 2017, seize personnes sont désormais assises autour de la table du conseil d'administration de L'Oréal. Mais c'est un trio qui concentre les regards. Une mère et ses deux fils, dans un groupe du CAC 40, c'est suffisamment rare pour être remarqué. Françoise Bettencourt Meyers dispose de la troisième fortune française, derrière le patron de LVMH, Bernard Arnault, et la famille Hermès, mais dans ce monde si masculin elle est la femme la plus riche de la planète. Souvent vêtue d'un tailleur pantalon noir parfois égayé d'un foulard, son grand rire brusque éclaire sa beauté austère, si éloignée de l'esthétique publicitaire des égéries de la firme cosmétique dont elle est l'actionnaire principale.

Après la terrible mise à nu de la famille, elle s'est attachée à retrouver la discrétion qui lui est si chère. En 2012, elle a vendu à un milliardaire saoudien l'île d'Arros, aux Seychelles, où sa mère avait fait pour 55 millions d'euros de travaux d'aménagement. On peut l'apercevoir avec son mari aux grandes ventes aux enchères de la collection Rockefeller, chez Christie's à New York, mais ils s'arrangent pour fuir les mondanités. « *Elle a toujours voulu vivre comme tout le monde, avec cette crainte très morale d'écraser son prochain* », souligne son amie d'enfance, l'écrivaine Dominique Bona.

Les deux fils ont échappé au poids qui pèse sur les épaules de leur mère en ne portant pas son nom. Ceux qui les connaissent les décrivent comme sympathiques, intelligents et pas prétentieux pour un sou.

L'aîné, Jean-Victor Meyers, 36 ans, promène son mètre quatre-vingt-quinze d'élégance un peu précieuse. C'est un beau garçon bien élevé que l'on peut croiser sans forcément l'identifier dans les défilés de mode et les soirées chics qui mêlent, en petit comité, les milieux de la publicité, de la culture et du luxe. Son bref CV mentionne une licence d'économie à l'université de Nanterre, complétée par ces cursus *general business and finance* dispensés à grands frais par les universités américaines (l'université de Californie à Los Angeles et l'université de New York) et un diplôme de l'Institut supérieur de gestion. Pour le reste, on trouve un job d'été à la Croix-Rouge, en 2006, une formation à la gestion privée de quelques mois chez Goldman Sachs, un stage chez Louis Vuitton, avenue Montaigne, et un an comme assistant chef de produits chez Yves Saint Laurent Beauté.

Il y a une dizaine d'années, ce passionné d'art contemporain et de design a lancé avec un ami Exemplaire, une marque de pulls en cachemire. Il s'intéresse désormais aux parfums. Coopté au sein du conseil d'administration de L'Oréal en 2012, au siège qu'occupait sa grand-mère, il a aussi créé Constantine Capital, une société d'investissement dotée de 30,1 millions d'euros, qui a essentiellement investi dans Exemplaire. *« Il se fait les dents et apprend son métier d'actionnaire »*, dit pudiquement un cadre de L'Oréal.

Nicolas, son cadet de deux ans, est sombre et brun comme sa mère, dont il est le portrait. Lui aussi préside une petite société, Lille Capital, *« spécialisée dans le secteur des activités des sociétés holding*, dit le registre du commerce qui précise : *son effectif est compris entre 1 et 2 salariés »*. Ses amis le disent intéressé par l'horlogerie, l'art et le numérique. Des deux garçons, il semble être celui qui voyage le plus volontiers pour visiter les boutiques et départements de L'Oréal. Mais lui non plus n'est pas un entrepreneur.

Dans leur enfance, la visite d'un point de vente L'Oréal à l'étranger a bien sûr fait partie des passages obligés de leurs voyages autour du monde mais ils ont été élevés très librement, sans pression sur les études ni sur leur orientation professionnelle. *« On ne peut pas se réveiller chaque matin avec le mot "argent" dans la tête et nous avons élevé nos enfants en les protégeant de ce genre de dérive »*, assurait au *Monde* Françoise Bettencourt. Il est cependant difficile d'oublier cette extraordinaire fortune qui offre aux membres de cette famille d'infinies possibilités, mais les oblige parfois à circuler avec un garde du corps. Il y a quelques mois, Jean-Victor a acheté un fabuleux duplex de 800 mètres carrés, quai d'Orsay sur la Seine, décoré par Alberto Pinto. *« Ma deuxième maison »*, c'est ainsi qu'il appelle Los Angeles où il descend dans les plus belles villas. Il voyage beaucoup, dans les palaces du monde entier où les spas les plus luxueux n'ont guère de secrets pour lui.

En vérité, comme du temps de Liliane Bettencourt, il n'a jamais été question que la mère et ses fils dirigent le premier groupe de cosmétique mondial. À la mort d'Eugène Schueller, la jeune Liliane, alors âgée de 35 ans, lui avait succédé comme actionnaire, mais c'est le dauphin d'Eugène Schueller, François Dalle, qui en était le véritable dirigeant. Et même si André Bettencourt était entré dans la direction du groupe dès son mariage, exactement comme l'a fait Jean-Pierre Meyers après avoir épousé Françoise, il y a toujours eu un PDG, homme de confiance, pour concevoir la stratégie et le développement de l'entreprise. C'est la grande force des Bettencourt : avoir su trouver, recruter et fidéliser des dirigeants de grand talent pour faire prospérer leurs dividendes.

C'était déjà une affaire entendue à la mort du fondateur Eugène Schueller. Est-ce parce qu'il s'agissait alors de filles à une époque où aucune femme ne dirigeait un groupe industriel d'ampleur ? Pas seulement. Même Jean-Pierre Meyers, l'époux de Françoise Bettencourt, qui a pourtant travaillé dans le groupe et en est devenu l'administrateur dès 1987, ne paraît pas avoir été réellement pressenti pour en avoir la direction exécutive. « *Cela n'a jamais été remis en cause, ni même discuté,* remarque l'ex-PDG du groupe, Jean-Paul Agon, désormais président du conseil d'administration. *C'est d'ailleurs très raisonnable, très intelligent de séparer la direction exécutive et l'actionnaire. Surtout au sein de L'Oréal où nous avons pour culture de faire monter en interne les dirigeants après un parcours dans les boutiques et les filiales. Aucun héritier ne pourrait faire un si long apprentissage.* »

La famille a toujours néanmoins joué son rôle d'actionnaire en lien très étroit avec les directeurs généraux – six seulement en un peu plus d'un siècle – qu'elle nommait. « *Dans ces conditions, le but de la formation des enfants n'a jamais été de travailler chez L'Oréal, mais simplement de comprendre comment la société marche* », remarque un ami de Jean-Victor et Nicolas Meyers. Les garçons ont été largement cornaqués par Jean-Paul Agon, qui leur a organisé toute une série de déplacements dans les filiales, de visites de magasins et de rencontres avec les cadres de l'entreprise.

En 2012, Jean-Victor n'avait pas 26 ans lorsqu'il a remplacé sa grand-mère au conseil d'administration de l'Oréal. Soucieux, cependant, de ne pas susciter de jalousie inutile, les Bettencourt Meyers traitent leurs fils dans une stricte égalité. En 2020, Jean-Pierre Meyers a ainsi laissé sa place au conseil d'administration de L'Oréal au cadet, Nicolas, afin que les deux frères y siègent désormais, avec leur mère Françoise. Ce départ de Jean-Pierre Meyers a un peu inquiété la direction exécutive du groupe : les fils joueront-ils leur rôle d'actionnaire avec le même sérieux que leur père ?

« *Être une famille actionnaire réclame un grand niveau de professionnalisme, beaucoup d'envie et en réalité pas mal de travail* », remarque Jean-Paul Agon. Pour mieux aider les Meyers, l'ex-PDG de L'Oréal a fait entrer au conseil d'administration du groupe d'autres héritiers de groupes familiaux : Sophie Bellon, l'actuelle présidente du conseil d'administration de Sodexo, l'entreprise fondée à Marseille par son père, Pierre Bellon, et Alexandre Ricard, le PDG du groupe Pernod Ricard et petit-fils du fondateur. « *Je pensais qu'ils auraient des points communs* », dit le président du conseil d'administration.

Jean-Victor est aussi devenu l'un des administrateurs de Tethys Invest, la filiale de la holding familiale voulue par Jean-Pierre Meyers et qui investit depuis 2016 dans l'éducation privée, le dépistage des maladies rares, des cliniques privées ou des entreprises innovantes. Nicolas, lui, occupe la même fonction dans la Fondation qui emploie désormais 23 personnes et a multiplié par quatre son aide à la recherche, notamment. Cela n'occupe pas un plein-temps, mais cela leur donne une responsabilité sociale et les arrime au groupe. « *Ils sont avec nous dans toutes nos affaires* », se félicitent leurs parents. Dans l'ombre, en toute discrétion, comme pour faire oublier ces années de tourmente.

12.

Les Bouygues : celui que l'on n'attendait pas

Les barons du groupe se souviennent très précisément du jour où Martin Bouygues a sérieusement réfléchi à sa succession. C'était un samedi après-midi, le 28 février 2015. À 14 h 27 très exactement. Ce jour-là, une depêche « urgente » de l'Agence France-Presse apparaît sur les écrans du monde entier : *« Martin Bouygues est mort à l'âge de 62 ans, dans sa résidence de La Roche-Mabile, près d'Alençon. »* Comment une vague rumeur est-elle devenue une nouvelle circulant dans toutes les rédactions ? Par un curieux concours de circonstances, un quiproquo tragi-comique. Le journaliste de la prestigieuse agence, soucieux d'être le premier sur ce « scoop » morbide, a téléphoné au maire de Saint-Denis-sur-Sarthon, la commune de l'Orne voisine de La Roche-Mabile où l'industriel français est censé avoir été retrouvé mort. *« Oui, monsieur Martin est décédé »*, a confirmé l'édile. Monsieur Martin… Et voilà comment, pendant plusieurs heures, le grand patron s'est retrouvé à répondre à des amis éplorés et surpris de le découvrir bien vivant.

Martin Bouygues affiche ordinairement un caractère débonnaire, mais enfin c'est une nouvelle qui secoue. Derrière sa silhouette confortable, son sourire doux sous un regard incisif, se cache un homme pragmatique et néanmoins émotif. Avec un certain sens de la communication, il a préféré plaisanter : *« Mieux vaut apprendre sa mort de son vivant. »* Il n'empêche qu'entendre dresser sur LCI, la petite chaîne de son groupe, son panégyrique en guise d'hommage funèbre l'a touché davantage qu'il ne veut bien le dire. Une chance, les marchés financiers étaient suspendus le temps du week-end, et l'action du groupe coté au CAC 40 n'a subi aucun dommage pendant les quelque trente minutes qu'a duré sa disparition officielle. En coulisse, cependant, cette fausse mort annoncée a créé un électrochoc.

Trois ans plus tôt, Martin Bouygues avait confié, à sa façon placide habituelle : *« Je ne veux pas mettre la pression à mes enfants. En désignant un successeur, on le flingue. »* Sa disparition devenue soudain palpable, l'industriel et ses directeurs ont dû se rendre à l'évidence : rien n'a été prévu au cas où il mourrait vraiment. Pas d'héritier en formation, pas de baron adoubé. Personne. Il est humain de ne pas s'imaginer disparaître, surtout lorsqu'on n'a encore qu'une petite soixantaine. Mais, pour le patron d'un groupe employant près de cent trente mille collaborateurs, l'imprévoyance peut avoir de graves conséquences.

L'homme devine ce qui fait un bon dirigeant. Sans mépriser les diplômes – lui-même n'a qu'un bac – il ne sait pas seulement compter. *« Il scanne aussi très vite les gens, avec un instinct très sûr et un grand sens de la psychologie* », souligne l'un de ses hauts cadres. Il a toujours choisi avec soin ses collaborateurs. Des employés fidèles, ayant généralement fait toute leur carrière dans le groupe, capables de comprendre le BTP, l'activité historique dans laquelle son père Francis a créé l'entreprise, la télévision, dans laquelle il l'a diversifiée dans les années 80, et les télécoms, ce « bébé » de Martin qui est aujourd'hui le troisième pilier du groupe. Lorsqu'il les appelle, la conversation est rapide, efficace, carrée. *« C'est un type cash, qui ne s'embarrasse pas de circonvolutions lorsqu'il faut trancher, mais il a aussi un caractère cordial qui séduit* », assure François Baroin, l'ancien ministre de l'Économie de Nicolas Sarkozy, ce président que Martin Bouygues a longtemps appelé son « meilleur ami ». Nonce Paolini, qui fut le DRH de TF1 avant d'en devenir le PDG jusqu'en 2016, y ajoute une qualité rare chez les grands patrons : *« Il fait confiance, ne vous tient pas la bride trop courte, et ensuite vous soutient sans faille. »*

Martin aimerait, comme de nombreux chefs d'entreprise, qu'un Bouygues relève le gant. En cette année 2015 où il se met à envisager sérieusement sa succession, les trois enfants qu'il a eus avec Melissa Larguier, une ancienne mannequin rencontrée aux États-Unis, sont déjà sagement arrimés au groupe familial. Aucun ne semble avoir eu la tentation de s'émanciper et d'aller voir ailleurs. Edward, l'aîné, né en 1984, y a d'emblée fait ses débuts. Après un diplôme de l'ESSCA d'Angers et un MBA de la London Business School, il a démarré, comme l'avait fait avant lui son père, comme conducteur de travaux chez Bouygues Construction avant de rejoindre Bouygues Telecom. William, le second fils, né en 1987, diplômé de la London School of Economics, a pour sa part été bombardé directeur général adjoint des projets stratégiques chez Bouygues Immobilier. Quant à Charlotte, la benjamine née en 1990, elle a fait ses premières armes chez L'Oréal après des études aux États-Unis, avant de rejoindre TF1 dès 2016. Cette chance des héritiers, qui trouvent argent et jobs de rêve sans difficulté, ne dit pourtant rien de l'essentiel : lequel aurait été capable de diriger si Martin Bouygues était vraiment mort, ce 28 février 2015 ?

Risquer de se tromper sur l'héritier est un sujet d'inquiétude constant pour Martin Bouygues. C'est qu'il a vécu cette mésaventure de près. Mieux, il en a bénéficié. Car ce n'est pas lui que Francis Bouygues, le bâtisseur de l'empire pendant les Trente Glorieuses, avait d'abord choisi en 1979 pour lui succéder. Martin, à l'époque, n'avait que 27 ans. Il faisait figure de bon garçon sympathique et travailleur. Mais celui sur lequel veillait Francis avec un soin tout particulier, c'était son aîné, Nicolas, destiné à prendre sa suite. Quand il se souvient de ces années-là, Martin revoit ce père, qui régnait alors sur sa tribu comme un roi sur son royaume et avait déjà distribué les rôles, comme si tout devait s'accomplir selon sa volonté. Rien, cependant, n'a marché comme il l'avait prévu…

Si l'on reprend le cours de l'histoire, il faut d'abord comprendre ce que tous les enfants, toutes les épouses de bâtisseurs d'empire industriel savent : l'entreprise est leur première rivale. Pour Francis Bouygues, elle est à l'époque une maîtresse insatiable, son idéal accompli. Il l'a créée dans les années 50, en construisant à tour de bras les logements dont la France a alors besoin. À l'hiver 1954, l'abbé Pierre a lancé son appel poignant – *« Mes amis, au secours »* –, pour dénoncer le scandale qu'il y a à laisser dans le dénuement et le froid des milliers de familles et de sans-abri. L'année suivante, l'ingénieur de l'École centrale s'est lancé dans la construction de ces cités HLM que l'État français finance généreusement pour répondre au mal-logement dénoncé par l'abbé.

D'immeubles en maisons préfabriquées, Bouygues a gagné en quelques années des marchés plus prestigieux : le Parc des Princes, le Palais des congrès à Paris et, plus fort encore, la construction de l'aéroport Roissy-Charles-de-Gaulle avec son aérogare ronde dont l'image a fait le tour du monde. Depuis le début des années 70, le groupe est coté en Bourse et s'est internationalisé. Il est présent partout, en Europe, en Afrique, en Asie et jusqu'au milieu de l'océan où il érige des plateformes pétrolières.

Le bâtisseur, avec ses manières roublardes et son appétit d'ogre, adore diriger cet ensemble d'ouvriers et d'ingénieurs à qui il a insufflé un « esprit maison ». Pour fédérer ses troupes, il a lui-même inventé une sorte de compagnonnage à sa sauce : l'ordre du Minorange, en référence à cette peinture antirouille au minium, si courante sur les chantiers. Les « compagnons du Minorange » sont choisis pour leur mérite et leur fidélité au groupe et grimpent au sein de cet ordre selon une hiérarchie interne inspirée des légions romaines. *« Savoir-faire », « discipline », « générosité », « respect »*, proclament les nouveaux élus, récompensés au cours d'une cérémonie que Francis – et plus tard Martin – ne manque jamais. À l'endroit où les notables accrochent habituellement leur Légion d'honneur, les compagnons portent un insigne orange frappé à l'effigie du boss et se voient offrir un voyage pour deux personnes. Évidemment, lorsque certains ouvriers ont la tentation de réclamer une augmentation, on fait appel à ces employés si fidèles pour contrer les syndicats.

C'est dire la façon à la fois paternaliste et autoritaire dont ce patron énergique dirige son entreprise. Il mène sa famille et ses quatre enfants de la même manière, d'ailleurs. C'est un père généreux et exigeant qui aime avoir sa tribu autour de lui. Son orgueil le pousse à souhaiter que ses descendants continuent à tenir haut ce groupe qui porte son nom. Il n'a qu'une crainte : terminer comme Marcel Boussac, à la fois modèle et contre-modèle de sa génération. Cet industriel qu'il admirait, devenu l'homme le plus riche d'Europe après avoir fait fortune dans l'industrie cotonnière, est mort ruiné. Affaibli par la maladie, il n'a pas su s'arrêter à temps, passer la main, et s'est retrouvé dépouillé, son empire démantelé, son nom jeté aux oubliettes de l'histoire. Francis règne en monarque, il voudrait néanmoins que son royaume lui survive.

Martin le sait très bien, son père a mis en piste le premier de ses garçons parce que la mort l'a frôlé, lui aussi. Pas juste une dépêche d'agence annonçant prématurément son décès, mais bien le diagnostic des médecins. En 1976, ils l'ont terrifié en lui annonçant qu'il était atteint d'un cancer. Francis Bouygues s'est d'abord persuadé qu'il vaincrait la maladie. Puis il s'est résolu à doucement passer le relais à Nicolas, un ingénieur centralien comme lui, et doté, comme lui encore, d'une forte personnalité.

Pendant ce temps, Martin, le petit dernier, qui n'a jamais brillé scolairement mais dont le caractère facile plaît à l'univers rude et masculin du BTP, fait ses classes chez Maison Bouygues, spécialisée dans la vente de maison individuelle sur catalogue. *« On n'entendait pas le son de sa voix, il était celui qui faisait le café dans un coin »*, se souvient un grand entrepreneur proche de la famille. Jamais Martin Bouygues ne s'est publiquement confié sur ces années où un autre que lui a été choisi comme dauphin. Pas plus que sa sœur Corinne, la première des enfants Bouygues, ou Olivier, le « numéro trois ». Mais tous observent alors les premiers pas de Nicolas. Et le moins que l'on puisse dire, c'est que le passage de témoin est difficile.

Tout dans la manière qu'a Francis Bouygues d'organiser la gouvernance de son groupe transpire l'ambivalence. Très symboliquement, il a installé son fils dans son propre bureau, comme s'ils se partageaient déjà le pouvoir, mais, en même temps que Nicolas, il a fait entrer dans son conseil d'administration Olivier et Martin. Surtout, il y a nommé plusieurs de ses hauts cadres. À croire, finalement, qu'il doutait de son choix et qu'il y avait encore dans son esprit d'autres présidentiables possibles en dehors de la famille. Une situation pour le moins inconfortable pour le successeur désigné.

« Aujourd'hui, six de mes collaborateurs et mes trois fils sont membres du CA, c'est sûrement parmi eux que se trouvera mon successeur », glisse alors le patriarche à la presse. Et d'ajouter : *« Mes fils ont les avantages et les inconvénients de s'appeler Bouygues. Les autres ont été sélectionnés parmi 6 000 cadres et 1 600 ingénieurs et ont fait leurs preuves. »* Opposer l'héritage au mérite, est-ce la meilleure façon d'asseoir la légitimité de Nicolas ?

Succéder est une alchimie délicate qui suppose deux éléments apparemment contradictoires : être capable de s'inscrire dans les pas de la génération précédente tout en s'en affranchissant. Or, si Francis Bouygues veut perpétuer son nom, il semble de plus en plus évident qu'il n'est pas vraiment prêt à laisser la place.

« Une brouille œdipienne », c'est l'expression d'un des témoins de l'époque pour résumer cette succession ratée. Francis continue de tout régenter. Nicolas, convaincu d'être plus visionnaire et moderne, voudrait déjà s'émanciper. Un drôle de personnage, ce Nicolas Bouygues… Physiquement, il ressemble beaucoup à son père : un visage rond et cette silhouette solide et posée qui inspire confiance sur les chantiers. Il est plus cassant, cependant. Francis, comme Martin plus tard, sait manier en seigneur

ce mélange d'humour, d'affection et de bon sens qui lui vaut la fidélité à la vie à la mort de ses féodaux. Nicolas, lui, crée facilement tensions et crispations en voulant s'imposer.

Son caractère rigide a ainsi provoqué le départ de Gilbert Simonet, dont Francis Bouygues avait fait son brillant second. Les hauts cadres encore en place craignent désormais pour leur poste et contestent ses décisions à voix de moins en moins feutrée. Conscients des réticences du fondateur, les barons mènent une guerre sourde contre celui qui est censé bientôt lui succéder. Cela ne peut que mal finir. De désaccords en affrontements, Nicolas Bouygues finit par jeter l'éponge en 1986 pour partir monter sa propre entreprise... de BTP.

Voilà comment Martin, considéré jusqu'alors comme une pâle doublure, mais ayant fait ses classes dans tous les secteurs du groupe, a pris la suite. On comprend qu'il en ait gardé une forme de prudence dans le maniement des hommes. Il se souvient d'ailleurs encore de son inquiétude, lorsque son père lui a annoncé, alors qu'ils marchaient ensemble sur une plage bretonne, sa décision de le nommer PDG. Il craignait de ne pas avoir la carrure et les compétences nécessaires. *« Tu te trompes, je te connais bien, fais-moi confiance »*, l'a rassuré Francis Bouygues. Et le 5 septembre 1989, il devient le deuxième président de l'histoire de ce groupe fondé en 1952, pile l'année de sa naissance.

Souvent, les PDG ressemblent au secteur dans lequel évolue leur entreprise. Le BTP est un monde rude où il convient d'être roué ; la communication suppose chaleur et psychologie. Martin Bouygues conjugue ces deux univers. Les barons qui avaient fait la guerre à Nicolas rentrent dans le rang en observant ce nouveau dauphin qui sait leur parler.

Sous ses airs patauds, Martin gère également les susceptibilités et l'orgueil paternel avec davantage de finesse que n'en était capable son frère. Avant la mort de Francis, en 1993, il confesse ainsi volontiers : *« À côté de mon père, je n'existe pas. »* Jusqu'au bout, il laisse le fondateur du groupe l'accompagner dans les grandes occasions. Le patriarche a appris de ses erreurs, cependant : le jour où Martin a été intronisé, Francis a déménagé ses affaires de son bureau pour lui céder symboliquement la place. *« Sache que si tu as besoin de moi, je serai toujours à tes côtés. Mais je te dis une chose : méfie-toi de moi »*, a aussi averti le père. *« Pourquoi me dis-tu ça ? » « Parce que depuis que le conseil d'administration t'a nommé, désormais, le patron c'est toi. Les décisions, ce seront les tiennes, pas les miennes. »*

Martin a toujours gardé sur son bureau une photo prise avec son père, le jour de sa nomination. Lorsque Francis Bouygues est mort, il a fait réaliser son buste par le sculpteur tchèque Jan Tesar et l'a installé comme un totem à l'entrée de la salle du conseil d'administration du groupe. Mais c'est bien lui qui a pris le leadership de la famille.

Trente-cinq ans après le psychodrame qui agita à la fois la famille et l'entreprise, Martin Bouygues n'a qu'une crainte : ne pas savoir choisir, entre ses trois enfants, le bon successeur. Un autre spectre, plus secret, le tenaille. L'éviction de Nicolas a été une descente aux enfers qui a conduit ce dernier, quinze ans plus tard, en prison. Le groupe Bouygues est suffisamment puissant pour avoir veillé à ce que la presse ne donne pas trop d'écho à cette honte familiale, mais c'est un fait. Après avoir claqué la porte du groupe Bouygues, l'aîné des fils a voulu monter sa propre entreprise en rachetant le groupe Cico. Pris dans un vaste système de fausses factures, déclaré en faillite, il a été condamné en 2000 à trente mois d'emprisonnement dont dix ferme. Un déshonneur, mais forcément aussi le ferment d'une culpabilité qui pèse depuis sur les Bouygues.

Le pouvoir et l'amour familial sont-ils compatibles ? Après le père et le fils, ce sont les frères et sœurs qui se déchirent. « *Je reviendrai* », avait promis Nicolas Bouygues. Le benjamin de la famille ne lui en laisse pas le loisir. Sous ses dehors flegmatiques, Martin Bouygues est un authentique homme de pouvoir. Aimable lorsqu'il le faut, tueur si nécessaire. Les groupes familiaux, comme les autres, ont besoin qu'une seule tête dirige. Et même qu'un seul porteur du nom les incarne.

Onze ans après Nicolas, c'est Corinne, directrice générale de TF1 Publicité et présidente du pôle édition distribution du groupe TF1, l'autre fleuron de Bouygues, qui prend le large en 1997. Pour « *convenance personnelle* », assure alors sans tromper personne l'aînée et seule fille de la famille.

Corinne Bouygues ne prétendait pourtant pas diriger le groupe à la place de Martin. Jamais, d'ailleurs,

Francis Bouygues n'a songé qu'elle puisse être « la patronne ». Question de génération, sans doute : les filles ne commandent pas, pensait-il, et encore moins un univers qui, des ouvriers aux ingénieurs, est presque exclusivement masculin. C'est tout de même elle qui, lors de la première rencontre entre Martin et les journalistes, au printemps 1988, a tout organisé pour son petit frère : superbe voyage de presse au Maroc où le groupe Bouygues construit la grande mosquée de Casablanca, et séjour dans la somptueuse Mamounia de Marrakech, cet hôtel de luxe où le jeune Martin, 36 ans, apparaît un peu timide, encadré par les grognards du groupe. Ensuite, Corinne a trouvé sa place, au sein de TF1. À la tête de la puissante régie publicitaire, elle semble incarner cet État dans l'État qui rapporte tant d'argent à la chaîne rachetée par son père. Lorsqu'elle organise de splendides et dispendieux voyages pour les annonceurs de la chaîne, concerts au milieu du désert marocain, dîners au pied des pyramides en Égypte, les invités (tout le gratin des entreprises et les journalistes en vue) en parlent pendant des mois.

C'est une belle femme, qui aime fréquenter le milieu du cinéma – elle s'est mariée en 1995 avec le producteur et réalisateur italien Sergio Gobbi – et ne cache pas ses opinions. Autant Martin paraît, au premier abord du moins, calme et flegmatique, autant sa sœur peut être spectaculaire et volcanique. Depuis sa nomination en septembre 1991 à TF1 Publicité, elle entend non seulement se mêler de marketing, mais aussi des programmes. « *L'antenne, ça coûte, la régie, ça rapporte »*, disait Francis Bouygues qui laissait Patrick Le Lay et Étienne Mougeotte décider du contenu de l'antenne. Corinne Bouygues, elle, ne peut pas s'empêcher d'intervenir.

En 1987, l'aînée des Bouygues a participé à la compétition contre Hachette pour remporter la première chaîne privatisée. Cela lui donne une légitimité supplémentaire, pense-t-elle, pour sortir de son pré carré et viser la direction de la chaîne. Elle se heurte à Patrick Le Lay. Les grognards de Francis avaient sapé l'autorité de Nicolas Bouygues. Le Lay est lui aussi un des barons du groupe. Plus encore que Corinne, c'est lui qui a préparé le dossier de candidature au rachat de TF1. C'est un Breton émotif et soupe au lait, intelligent et autoritaire. Il doit déjà travailler en duo avec Étienne Mougeotte, responsable de l'antenne, et ce n'est pas si facile. Pourquoi partagerait-il encore son pouvoir avec une héritière ?

Sans doute a-t-il senti, aussi, la jalousie s'insinuer dans la fratrie. Quand Corinne lance à son cadet *« C'est Le Lay ou moi »*, il se doute qu'elle fait une erreur. On ne se sépare pas si facilement d'un fidèle comme lui, présent chez Bouygues depuis 1981, ingénieur des travaux publics mais aussi financier, stratège, capable de parler à un ministre, à un ouvrier de chantier ou à l'animateur d'une émission de variété. Contraint de choisir, Martin Bouygues tranche contre sa sœur.

Huit ans après l'accession au pouvoir de Martin Bouygues, la fratrie se fracture à nouveau. Monique Bouygues, la veuve de Francis, que ses enfants appellent « Minouche », s'est bien évertuée, jusqu'à sa mort en 2017, à réunir tous ses petits-enfants à Saint-Coulomb, dans la propriété familiale des environs de Saint-Malo, où son mari avait fait construire quatre maisons, une par enfant, autour de la demeure principale. Mais la génération intermédiaire, cette bande de garçons et d'une fille qui, au début des années 70, couraient les mêmes fêtes, s'est disloquée.

Longtemps, le troisième frère a fait figure d'homme invisible. Moins présent dans les médias, volontairement dans l'ombre, Olivier Bouygues est paradoxalement le plus proche ami et soutien de son frère. Même silhouette, même visage rond, Martin et Olivier Bouygues ne se ressemblent pas seulement physiquement. Ils partagent aussi un goût affirmé pour la bonne chère ainsi que des dizaines d'investissements en commun dans des vergers, des ruches, des élevages d'esturgeons pour le caviar, des truffières, au cœur du vignoble bordelais et du Val de Loire.

Les Bouygues peuvent bien devoir leur fortune familiale au béton, ils ont gardé une forme de révérence pour le terroir et la nature. En son temps, leur père revendiquait sans plaisanter son côté « paysan ». Les frères, eux, ont toujours préféré un déjeuner entre patrons ripailleurs aux dîners du Siècle, ce club de la nomenklatura parisienne. Les week-ends d'automne et d'hiver, il n'est pas rare de les retrouver entourés d'autres patrons en Sologne, où ils possèdent un vaste domaine et un élevage de faisans, à quelques kilomètres du château acheté des dizaines d'années plus tôt par leur père.

Depuis plus de trente ans, Olivier mène ses affaires dans le sillage de son frère. Directeur général délégué du groupe, c'est-à-dire deux crans sous son cadet, il ne s'en offusque aucunement. C'est pourtant *« un fort en gueule, toujours à dire ses quatre vérités à quelqu'un qu'on vient de lui présenter, un peu "poujado" parfois, mais pragmatique comme un ingénieur »*, décrit un élu. Autant Martin se méfiait de Nicolas et de Corinne, autant il a une confiance absolue en Olivier.

Est-ce pour cela que les frères Bouygues se sont intéressés au Clos Rougeard ? *« Le vin des frangins »*, c'est ainsi qu'on appelait ce vin de Loire, très apprécié des amateurs. Les frangins en question, Jean-Louis, dit « Charly », et Bernard Foucault, surnommé « Nady », ont une tête de Gaulois à longues moustaches et descendent de huit générations d'une même famille de vignerons. Tous les grands capitalistes le savent, les mésententes familiales sont une bénédiction pour les affaires. Bien informés, Martin et Olivier Bouygues ont compris qu'ils pourraient rafler ce petit bijou authentiquement bio pour moins de 14 millions d'euros, grâce à ce qui a toujours été leur terreur : la rivalité et bientôt la haine entre les familles des deux frères. Et c'est ainsi que le duo soudé des Bouygues a racheté, en juin 2017, ce vin légendaire à la fratrie déchirée des Foucault…

Afin d'éviter qu'une telle mésaventure ne leur arrive, les frères n'ont eu de cesse de consolider l'entente entre eux et leurs enfants. Vacances communes, parties de chasse, dîners fréquents, Martin et Olivier ont toujours veillé à les réunir. C'est ensemble qu'ils ont aussi racheté les parts du capital qui donne aujourd'hui à la famille le contrôle du groupe.

Si surprenant que cela puisse paraître, lorsque Francis Bouygues est mort, il ne possédait que 5 % du capital de la société qui portait pourtant son nom. Le fondateur avait toujours préféré la réussite flamboyante et voir son patronyme claquer en lettres orange sur les chantiers du monde entier, plutôt que l'accumulation de richesses. Or, en faisant entrer en Bourse le groupe, il l'exposait à un danger mortel : la dilution de la famille dans le capital. Avec Olivier, Martin a tenu à reconstituer la part familiale, au point qu'aujourd'hui, la SCDM, la société mère où siègent Martin et ses trois enfants ainsi qu'Olivier, possède 22,4 % du capital, juste devant les salariés, détenteurs pour leur part de 20,3 %. Martin préside d'ailleurs la SCDM, son frère en est le directeur général. Autant dire qu'ils ont partie liée.

Lorsque Martin Bouygues observe la nouvelle génération qui va prendre les rênes, il ne regarde pas seulement ses propres enfants, Edward, William et Charlotte, mais aussi son neveu, Cyril, né en 1986, le fils d'Olivier. Edward et Cyril ont deux ans d'écart. Edward, petites lunettes sur des yeux bleus et taches de rousseur, ressemble à sa mère ; Cyril a la blondeur et le visage rond d'Olivier. Ils s'entendent bien, travaillent chacun dans le groupe depuis plus de dix ans. Le 21 avril 2016, Martin a proposé à l'assemblée générale des actionnaires la nomination des deux cousins au sein du conseil d'administration du groupe. Edward et Cyril ont reçu 89,76 % et 93,29 % de votes favorables, lors de l'AG au siège de Bouygues Construction, à Guyancourt, dans les Yvelines. Et, grâce à ces deux trentenaires, la famille Bouygues s'est renforcée au conseil d'administration, avec désormais un quart des sièges du conseil.

L'expérience ratée de Nicolas, cette première succession qui entraîna tant de conflits et de larmes, a laissé ses enseignements durables. Pas question de risquer un nouveau drame pour la famille et l'entreprise en laissant prospérer rivalités et jalousie, même s'il est clair pour tous qu'Edward Bouygues est placé un cran au-dessus de Cyril, exactement comme Martin est au-dessus d'Olivier.

Maintenant, il faut parachever leur formation. Les statuts, qui fixaient la limite d'âge du président à 70 ans (Martin les a atteints en 2022), ont été modifiés afin que le mandat de président non exécutif puisse être exercé jusqu'à 85 ans, mais Martin a laissé les rênes dès 2021 à son directeur général, Olivier Roussat. Roussat n'est pas seulement le maire du palais, chargé d'assumer la transition le temps que l'un ou l'autre des cousins soit prêt. Il peut aussi rester le patron si les héritiers ne font pas leurs preuves. Martin a d'ailleurs publiquement affirmé : *« Olivier Roussat a fait un parcours exceptionnel, j'ai avec lui des relations très fortes. Je peux tout à fait imaginer, dans vingt ans, le groupe Bouygues sans un Bouygues à sa tête. »*

Edward Bouygues a tout de même été nommé président de Bouygues Telecom et, par ailleurs, président de Bouygues Europe. Quand il sera jugé prêt, l'aîné de Martin Bouygues pourra prendre la place de numéro un de l'ensemble du groupe. À moins qu'une fois encore, les caractères, les rugosités, les ego et les susceptibilités des uns et des autres ne fassent dérailler les scénarios les plus consciencieusement écrits.

Remerciements

Transmettre, hériter est un sujet universel et pourtant largement inexploré dans le monde économique. Si la littérature y a souvent vu un formidable sujet d'inspiration, rares sont les experts qui s'y sont intéressés autrement qu'au travers des mécanismes juridiques. Nous devions donc puiser aux meilleures sources pour raconter ces successions au sein des grandes familles industrielles françaises.

Plusieurs des « héros » de nos récits ont bien voulu plonger devant nous dans les méandres de leur histoire. Bernard Arnault et ses cinq enfants, François Pinault et son fils François-Henri, une bonne douzaine de membres de la famille Peugeot, Arnaud Lagardère, Antoine, Christian et Isabelle Gallimard, plusieurs cousins des trois branches de la famille Hermès, des membres du vaste clan des Mulliez, les trois frères Decaux, notamment, nous ont longuement reçues. Qu'ils en soient chaleureusement remerciés.

Autour de ces grandes familles d'entrepreneurs, d'innombrables barons et cadres de leurs groupes, des banquiers, conseillers officiels ou officieux, amis intimes ou concurrents farouches nous ont aussi rapporté mille anecdotes éclairantes. Leurs témoignages ont été indispensables pour pénétrer la complexité psychologique de ces familles à la fois si particulières et si semblables aux nôtres.

Nous devons également remercier la rédaction en chef du *Monde* qui nous a fait confiance pour publier ces enquêtes dans le journal et tout particulièrement le service documentation, tellement riche, qui nous a permis de retrouver des entretiens et des archives précieuses.

Enfin, nous sommes reconnaissantes envers le directeur d'Albin Michel, Gilles Haéri, et notre éditeur, Alexandre Wickham, de nous avoir encouragées à poursuivre nos recherches et à étoffer nos récits afin d'en faire le livre que vous avez entre les mains.

DES MÊMES AUTRICES

Raphaëlle Bacqué

Kaiser Karl, Albin Michel, 2019.

La Communauté, avec Ariane Chemin, Albin Michel, 2018.

Richie, Grasset, 2015.

Les Strauss-Kahn, avec Ariane Chemin, Albin Michel, 2012.

Le Dernier Mort de Mitterrand, Grasset/Albin Michel, 2010.

L'Enfer de Matignon, Albin Michel, 2008.

La Femme fatale, avec Ariane Chemin, Albin Michel, 2007.

Chirac ou le démon du pouvoir, Albin Michel, 2002.

Seul comme Chirac, avec Denis Saverot, Grasset, 1997.

Chirac président, les coulisses d'une victoire, avec Denis Saverot, Le Rocher, 1995.

Vanessa Schneider

La Fille de Deauville, roman, Grasset, 2022.

Tu t'appelais Maria Schneider, roman, Grasset, 2018.

Le Mauvais Génie, avec Ariane Chemin, 2015.

Le jour où tu m'as quittée, roman, Stock, 2014.

Le Pacte des vierges, roman, Stock, 2011.

Tâche de ne pas devenir folle, roman, Stock, 2009.

La Mère de ma mère, roman, Stock, 2008.

La Déprime des politiques, Le Seuil, 2001.

Composition Nord Compo
Impression CPI Firmin-Didot en octobre 2022
Éditions Albin Michel
22, rue Huyghens, 75014 Paris
www.albin-michel.fr
ISBN : 978-2-226-47664-7
N° d'édition : 25108/03 – N° d'impression : 172579
Dépôt légal : octobre 2022
Imprimé en France